Stephan Schlothfeldt
Gerechtigkeit

Grundthemen Philosophie

Herausgegeben von
Dieter Birnbacher
Pirmin Stekeler-Weithofer
Holm Tetens

Stephan Schlothfeldt

Gerechtigkeit

DE GRUYTER

ISBN 978-3-11-029256-5
e-ISBN 978-3-11-029269-5

Library of Congress Cataloging-in-Publication Data
A CIP catalog record for this book has been applied for at the Library of Congress.

Bibliografische Information der Deutschen Nationalbibliothek
Die Deutsche Nationalbibliothek verzeichnet diese Publikation in der Deutschen
Nationalbibliografie; detaillierte bibliografische Daten sind im Internet
über http://dnb.d-nb.de abrufbar.

© 2012 Walter de Gruyter GmbH & Co. KG, Berlin/Boston
Satz: fidus Publikations-Service GmbH, Nördlingen
Druck und Bindung: Hubert & Co. GmbH & Co. KG, Göttingen
Printed on acid-free paper
Printed in Germany

www.degruyter.com

Inhalt

1 Vorbemerkungen

Gerechtigkeit ist in unserer Kultur eine zentrale moralische Kategorie, die anscheinend normative (also handlungsanleitende) Implikationen hat: Werden Verhältnisse als ungerecht beurteilt, ist dies eine starke Kritik, die, wenn das Urteil von den einschlägigen Akteuren akzeptiert wird, beinahe dazu zu zwingen scheint, die Verhältnisse zu ändern. Wie wichtig Menschen Gerechtigkeit ist, lässt sich gut an den Ergebnissen eines kleinen Experiments ablesen, dem sogenannten *Ultimatum-Spiel*: Zwei Spieler bekommen einen Geldbetrag genannt, den der erste Spieler aufteilen soll. Das Angebot des ersten Spielers kann der zweite Spieler entweder annehmen – dann bekommen beide den vorgeschlagenen Betrag ausgezahlt, oder ablehnen – dann verfällt das Geld.[1] Bietet nun der erste Spieler dem zweiten deutlich weniger an, als er für sich selbst beansprucht, wird das Angebot vom zweiten Spieler sehr häufig abgelehnt, obwohl er dadurch natürlich auf einen finanziellen Gewinn verzichtet. Gefragt, warum er sich so entscheidet, antwortet der zweite Spieler meist, dass das Angebot ungerecht sei und er nicht bereit sei, eine solche Ungerechtigkeit hinzunehmen. Der erste Spieler rechnet offenbar mit einer solchen Reaktion, denn durchschnittlich werden dem zweiten Spieler etwa 30 % des Gesamtbetrags angeboten.[2]

Gerechtigkeit ist im Unterschied zu anderen normativ-moralischen Gesichtspunkten auch nicht auf moderne westliche Gesellschaften beschränkt. Vielmehr hat es diese Kategorie vermutlich in allen Kulturen und bereits seit sehr langer Zeit gegeben. Sie wird und wurde wohl auch übereinstimmend als ein sehr wichtiger Bewertungsgesichtspunkt angesehen. Ungerechtigkeiten gehören beseitigt – vielleicht nicht nur *prima facie* (also auf den ersten Blick) oder *pro tanto* (also wenn nichts dagegen spricht), sondern im Sinne eines abschließenden moralischen Urteils. Diese Meinung dürfte zu allen Zeiten und an allen Orten verbreitet gewesen sein.[3]

So wichtig Gerechtigkeit zu sein scheint, so unklar ist aber, worin sie genau besteht. Zum einen werden ganz unterschiedliche *Dinge* als gerecht oder ungerecht bezeichnet – man kann diese Prädikate auf Verteilungen, auf Handlungen, auf Personen und auf (soziale) Verhältnisse anwenden. Darüber hinaus gibt es offenbar verschiedene *Typen* von Gerechtigkeit und auch unterschiedliche *Kandidaten* für Gerechtigkeitsprinzipien.

Die letzte Beobachtung erklärt bereits wesentlich den systematischen Hauptteil dieses Buches – ab dem 6. Kapitel geht es um die nach klassischer Auffassung drei zentralen Typen von Gerechtigkeit: ausgleichende oder korrektive Gerechtigkeit (Kapitel 6), kommutative oder Tauschgerechtigkeit (Kapitel 7) und distributive oder Verteilungsgerechtigkeit (Kapitel 8–10). Für die Verteilungsgerechtigkeit sind im Wesentlichen drei unterschiedliche Prinzipien vorgeschlagen worden: Verteilung nach Verdienst, nach Bedürfnis oder nach Gleichheitsgesichtspunkten. Daher wird distributive Gerechtigkeit in drei Kapiteln, die diesen Prinzipien nachgehen, detailliert behandelt. Die genannten Gerechtigkeitstypen und Gerechtigkeitsprinzipien werden in den jeweiligen Kapiteln vorgestellt, analysiert und kritisch diskutiert.

Bevor wird uns dem sachlichen Kernstück des Buches nähern, muss aber zunächst etwas zum Gerechtigkeitsbegriff gesagt werden: Gibt es trotz der unterschiedlichen Anwendungskontexte und möglicher kultureller Unterschiede in den Auffassungen über Gerechtigkeit eine einheitliche Verwendung des Terminus? Wenn ja: Was bedeutet „gerecht"? Und gibt es generelle Bedingungen für die Anwendung des Prädikats? Zu diesen Fragen werden in Kapitel 2 konstruktive Vorschläge entwickelt und verteidigt.

Im Anschluss an die begrifflichen Klärungen – und ebenfalls vor dem systematischen Hauptteil des Buches – will ich auf die wichtigsten klassischen Moraltheorien zu sprechen kommen: Tugendethik (Kapitel 3), Utilitarismus (Kapitel 4) und kantische Ethik (Kapitel 5). Sie sollen jeweils daraufhin geprüft werden, was sie zur Gerechtigkeit zu sagen haben und ob sie aus unserer Sicht überzeugende Ergebnisse zu Gerechtigkeitsproblemen liefern. Es wird sich herausstellen, dass die genannten Theorien teilweise erhebliche Schwierigkeiten mit dieser normativen Kategorie haben und ihr Ertrag für Gerechtigkeitsfragen in jedem Falle geringer ist, als man zunächst erwarten würde. Dies macht es erforderlich, in den folgenden Kapiteln einen systematischen Neuanfang zu wagen.

Nach dem Kernteil zu den Typen von Gerechtigkeit und zentralen Gerechtigkeitsprinzipien will ich zum Abschluss des Argumentationsganges darauf zu sprechen kommen, ob Gerechtigkeit eine innergesellschaftliche oder eine globale Forderung ist und ob sie zeitlich beschränkt oder unbegrenzt gilt (Kapitel 11), sowie auf die Frage, wie wichtig sich Gerechtigkeit im Vergleich zu anderen moralisch relevanten Gesichtspunkten ausnimmt (Kapitel 12). Schließlich soll ein Blick auf politische Implikationen der hier entwickelten Gerechtigkeitskonzeption geworfen werden (Kapitel 13).

Weitere gerechtigkeitsbezogene Themen und Ansätze werden in diesem Buch nicht oder nur am Rande behandelt – dazu gehören Verfahrensgerechtigkeit, Gerechtigkeit für Gruppen, lokale Gerechtigkeit (Elster 1992), nicht-komparative Gerechtigkeit (Feinberg 1974) und Gerechtigkeit als „mutual advantage" (Gauthier 1986). Eine Auswahl musste getroffen werden, und diese zeigt an, welche Fragestellungen mir besonders wichtig erscheinen. Gelegentlich wird im Text erläutert, warum ich eines der nicht behandelten Themen für weniger einschlägig halte. Dennoch sind die ausgesparten Aspekte natürlich nicht uninteressant

und durchaus lehrreich – der Leser muss sich hierfür (anhand der Literaturanga-
ben) anderweitig umschauen.

An dieser Stelle noch ein Wort zur Gerechtigkeitstheorie von John Rawls
(Rawls 1975), dem zu diesem Thema prominentesten Autor der neueren Zeit und
in gewisser Weise auch dem Wegbereiter der zeitgenössischen philosophischen
Debatte zur Gerechtigkeit. Auch wenn seine wichtige Rolle unbestritten ist, werde
ich auf Rawls im Laufe des eigentlichen Argumentationsganges nur am Rande
eingehen und ihn gesondert in einem Anhang vorstellen und diskutieren. Die
Gründe dafür sind folgende:

Zum einen behandelt Rawls in seinem Werk ausschließlich den Aspekt der
Verteilungsgerechtigkeit, und auch diesen eingeschränkt auf politische Kontexte.
Im vorliegenden Buch sollen aber alle Dimensionen der Gerechtigkeit ohne eine
solche Bereichseinschränkung zur Sprache kommen; behandelt wird Gerechtigkeit als allgemeine moralische Kategorie. Es geht mir dabei nicht nur und nicht
einmal primär um die Gerechtigkeit von Institutionen als Regelsystemen.[4] Diese
sollen erst am Ende des Buches in den Blick genommen werden.

Zum anderen nennt Rawls seinen Entwurf zwar eine Gerechtigkeitstheorie,
entwirft aber eigentlich eine in inhaltlicher Hinsicht umfassendere Theorie, die
auch Fragen der Effizienz (im Sinne von allgemeiner Besserstellung) integriert.[5]
Meines Erachtens ist allgemeine Besserstellung – und damit das sogenannte
Pareto-Prinzip – kein Gesichtspunkt der Gerechtigkeit und sollte nicht mit letzterer vermengt werden.[6] Es ist nicht gerecht, wenn Menschen mehr bekommen,
als ihnen zusteht, selbst wenn alle davon profitieren.[7] Das zeigt sich nicht zuletzt
schon an den Reaktionen der Spieler im erwähnten Ultimatum-Spiel – der zweite
Spieler verzichtet ja unter Umständen auf einen Gewinn, den beide erhalten
würden, weil ihm das Angebot des ersten Spielers ungerecht erscheint.

Die hier vorgelegte Darstellung des Themas Gerechtigkeit verfolgt eine sachori-
entierte Perspektive. Auch wenn historische Positionen und Autoren zur Sprache
kommen, geht es nicht um historisches Wissen als solches, sondern um den systematischen Ertrag für Fragen, die uns heute beschäftigen.[8] Die einzelnen Themen
werden, wie es dem Umfang eines überblicksartigen Bandes entspricht, eher kurz
behandelt; es ließe sich natürlich jeweils viel mehr dazu sagen.[9]

Abgesehen von der relativ breiten Ausrichtung des Buches auf verschiedene
Aspekte von Gerechtigkeit, die heute nicht unbedingt üblich ist, erscheint es für
eine Monographie zu diesem Themengebiet vielleicht auch ungewöhnlich, dass
nicht einfach eine neutrale Darstellung von Positionen gegeben, sondern versucht wird, auf inhaltliche Fragen eine begründete Antwort zu liefern. So soll im
systematischen Kernteil argumentiert werden, dass Tauschgerechtigkeit und ausgleichende Gerechtigkeit aus verschiedenen Gründen durchaus problematisch

sind und nicht zufällig in der heutigen Diskussion keinen zentralen Platz einnehmen. Und es wird die These vertreten, dass Verdienst und Bedürfnis als Prinzipien der Verteilungsgerechtigkeit letztlich nicht geeignet sind. Ich hoffe, dass sich der Leser durch meine Stellungnahmen nicht abgeschreckt sieht, sondern dass sie ihm eher als Anregung dienen, in kritischer Auseinandersetzung mit dem Text eine eigenständige Meinung auszubilden.

Meine erste intensive Auseinandersetzung mit dem Thema Gerechtigkeit fand während meiner Forschungstätigkeit in der Nachwuchsgruppe „Interdisziplinäre soziale Gerechtigkeitsforschung" an der Humboldt-Universität Berlin statt. Meinen Kollegen aus dieser Zeit möchte ich für viele anregende Diskussionen danken. Erste Vorfassungen des Buchmanuskripts konnte ich in Vorlesungen erproben, die ich an den Philosophischen Instituten der Universitäten Leipzig und Konstanz gehalten habe. Den Teilnehmern dieser Vorlesungen danke ich für Anregungen und Kritik. Mein namentlicher Dank geht an Sybil Kopf, Ilona Wüst und Dieter Birnbacher, die das Manuskript kritisch kommentiert und mit zahlreichen Verbesserungsvorschlägen versehen haben.

2 Zum Gerechtigkeitsbegriff

In den Vorbemerkungen hatte ich darauf hingewiesen, dass Gerechtigkeit kein einheitliches Phänomen ist: Es gibt verschiedene Typen von Gerechtigkeit und eine Reihe von Kandidaten für Gerechtigkeitsprinzipien sowie davon ausgehend von Gerechtigkeitskonzeptionen. In diesem Kapitel soll es nun vor allem um die Frage gehen, ob man etwas ausmachen kann, das die verschiedenen Varianten und Auffassungen von Gerechtigkeit dennoch zusammenhält: Lässt sich ein Gerechtigkeitsbegriff explizieren, der einerseits die verschiedenen Typen von Gerechtigkeit umfasst, andererseits inhaltlich neutral ist, also keine Vorentscheidung zugunsten einer bestimmten Gerechtigkeitskonzeption fällt?

Bevor wir uns dieser zentralen Frage zuwenden, will ich kurz ein abstrakteres, aber ebenfalls begriffliches Problem ansprechen: Gibt es allgemeine Bedingungen für die Anwendbarkeit der Prädikate „gerecht" beziehungsweise „ungerecht", und worin bestehen sie?

Eine Schwierigkeit ergibt sich insbesondere daraus, dass Gerechtigkeitsurteile einen handlungsleitenden Charakter zu haben scheinen. Nicht alle Zustände und Ereignisse werden aber intentional (beabsichtigt) herbeigeführt, und manche kommen gar nicht durch menschliches Handeln zustande. Lässt sich auch von solchen Zuständen sagen, sie seien ungerecht?

Es ist hier offenbar zu klären, inwieweit Personen auf einen Zustand Einfluss haben müssen, damit er als gerecht oder ungerecht bezeichnet werden kann. Kann man „gerecht" als reines Zustandsbewertungsprädikat verstehen (wie die Attribute gut und schlecht), oder ist es zumindest implizit immer in irgendeiner Weise auf ein Handeln bezogen?

2.1 Zur Anwendbarkeit des Gerechtigkeitsprädikats

Nicht kontrovers ist hinsichtlich der Anwendbarkeit des Gerechtigkeitsprädikats, dass eine Ungerechtigkeit konstatiert werden kann, sofern Personen eine Situation (intentional) handelnd herbeiführen: Wenn jemand ein Gut verteilt, kann die Verteilung gerecht oder ungerecht sein. Und wenn ein Richter ein Urteil fällt, kann seine Entscheidung ebenfalls gerecht oder ungerecht ausfallen.

Doch sind Ungerechtigkeiten auf solche Fälle intentionalen Handelns beschränkt, oder ist das Anwendungsfeld des Begriffs weiter zu fassen? Diese Frage wird in der praktischen Philosophie durchaus kontrovers diskutiert. Lassen sich etwa Zustände, die niemand beabsichtigt hat, sondern die vielmehr durch das Zusammenspiel vieler unkoordinierter Einzelhandlungen entstehen, als ungerecht bezeichnen (man denke an die Verteilung von Reichtum durch einen

reinen Markt)? Und wie ist es mit Zuständen, die gar nicht von Menschen herbeigeführt wurden, wie beispielsweise Naturkatastrophen? Kann man sinnvoll
sagen, es sei ungerecht, dass Menschen durch das Marktgeschehen oder gar aufgrund natürlicher Prozesse schlecht wegkommen?

Eine Ausweitung einer sehr engen Verwendung von Gerechtigkeit, die nur
für intentional herbeigeführte Zustände greift, liegt nahe: Es erscheint zumindest dann sinnvoll, von Gerechtigkeit oder Ungerechtigkeit zu reden, wenn ein
Zustand zwar nicht intendiert wurde, aber durch gezieltes Eingreifen *hätte verhindert werden können* – oder auch wenn er nachträglich verändert werden kann.
Wären wir in der Lage gewesen, die Marktprozesse dahingehend zu korrigieren,
dass kein sehr großes Wohlstandsgefälle entsteht, erscheint es durchaus sinnvoll zu sagen, die (faktisch) eingetretene Verteilung des Reichtums sei ungerecht.
Und selbst wenn niemand eine Naturkatastrophe hätte verhindern können, kann
der durch sie eingetretene Zustand ungerecht genannt werden, sofern das entstandene Elend nachträglich abgewendet werden könnte, dies aber nicht geschieht.[10]

Ich halte eine solche Erweiterung der Möglichkeit, Ungerechtigkeiten zuzuschreiben, für sehr überzeugend. Sie entspricht unserer üblichen Verwendung
des Begriffs der Gerechtigkeit, und die überwiegende Mehrheit der in diesem
Band behandelten Gerechtigkeitstheoretiker sieht dies ebenfalls so.[11] Die Alternative wäre eine künstliche Einengung des Gerechtigkeitsproblems auf Fälle intentionalen Handelns und gezielten Herbeiführens, die viele fragwürdige Zustände
aus der Kritik herausnimmt – wie etwa die oben genannte Verteilung von Wohlstand.[12]

Eine Erweiterung gegenüber dem engen Vorschlag liegt insofern vor, als
auch das Nichteingreifen einer Gerechtigkeitsbewertung unterzogen wird. Sofern
man davon ausgeht, dass Handlungen und Unterlassungen vollständig auf einer
Ebene liegen, ist das Vertretene insoweit nur eine Konsequenz der (unkontrover-
sen) Auffassung, dass das, was man beabsichtigt, gerecht oder ungerecht genannt
werden kann. Allerdings sollte man beachten, dass es bei der Beurteilung nicht
nur um Fälle geht, in denen man intendiert, nichts zu tun, sondern es auch um
Situationen gehen kann, in denen man nicht intendiert, etwas zu tun. Insofern
handelt es sich doch um eine nicht unerhebliche Erweiterung der Verwendung
des Gerechtigkeitsprädikats.

Man kann nun fragen, ob sich die Anwendung des Gerechtigkeitsbegriffs
noch weiter ausdehnen lässt, also die genannte Bedingung der Beeinflussbarkeit
aufgegeben werden sollte: Sagen wir nicht manchmal, eine Situation sei ungerecht, selbst wenn sie von uns gar nicht verhindert werden kann? Beispielsweise
könnte es doch ungerecht erscheinen, dass manche Menschen durch eine Krankheit oder einen Unfall in jungen Jahren sterben müssen, während andere ein

stattliches Alter erreichen, selbst wenn wir keine Möglichkeit haben, an dieser Tatsache etwas zu ändern.

Das Problem ist, dass ein derartiges Gerechtigkeitsurteil gar keine handlungsleitende Funktion mehr hätte; es würde in dieser Hinsicht leer laufen. Mit der Bewertung eines Zustands als ungerecht gehen aber anscheinend moralische Reaktionen wie Empörung einher, die sich auf jemanden (einen Verantwortlichen) richten müssen, der in der Lage gewesen wäre einzugreifen.[13] Kritiker von Redeweisen wie den oben geschilderten wenden dementsprechend oft ein, wer bei Unfällen oder ähnlichem von Ungerechtigkeit spreche, habe die Vorstellung eines handelnden Gottes oder Schicksals im Hinterkopf, auf den (oder das) die mit dem wertenden Urteil einhergehende Empörung gemünzt sei (vgl. Gosepath 2004, 55).

Ich bin mir nicht sicher, ob die letzte Behauptung zutrifft, oder ob es nicht doch denkbar ist, dass Menschen schlicht Zustände als gerecht oder ungerecht bewerten, ohne dass implizit ein Handlungsbezug vorausgesetzt wird. In diesem Falle würde es sich um rein konstatierende Bewertungen handeln, die nicht mit moralischen Reaktionen und einer Handlungsanleitung verbunden wären. Dies zu entscheiden ist aber im Rahmen der vorliegenden Untersuchung nicht zentral, denn für praktische Belange – und insbesondere die Moral – wäre eine solche Ausweitung der Anwendung von „ungerecht" auf unbeeinflussbare Zustände irrelevant. Selbst wenn man also einen nicht veränderbaren Zustand als ungerecht bezeichnen kann, würde sich jedenfalls an diese Bewertung kein normatives moralisches Urteil anschließen, und um Gerechtigkeit als Handlungsanleitung soll es in diesem Buch gehen.

Daher soll an der oben genannten Bedingung für die Verwendung des Gerechtigkeitsbegriffs festgehalten werden: Als gerecht oder ungerecht kann eine Situation dann und nur dann bezeichnet werden, wenn sie durch das Eingreifen von Personen verändert werden könnte.

2.2 Begriffliche Explikation von Gerechtigkeit

Kommen wir nun nach der Klärung der Anwendbarkeit des Gerechtigkeitsprädikats zu der für dieses Kapitel zentralen Frage, der begrifflichen Explikation von Gerechtigkeit: Gibt es einen begrifflichen Kerngehalt, der die verschiedenen Typen von Gerechtigkeit und die alternativen Gerechtigkeitskonzeptionen umfasst?

Zunächst könnte es für die Beantwortung dieser Frage hilfreich sein, mit der Etymologie (also der Wortgeschichte) zu beginnen: „gerecht" ist ursprünglich abgeleitet von „recht", und beide Begriffe werden erst im Neuhochdeutschen in der Bedeutung voneinander abgegrenzt. Der Ausdruck „recht" wiederum hieß zunächst einfach nur „gerade", bevor sich daraus – über die mittelhochdeutsche Bedeutung „dem Rechtsgefühl entsprechend" – die heutige Verwendung im Sinne von „richtig" und insbesondere von „moralisch richtig" entwickelte.

Klar ist also, dass der Wortherkunft nach eine enge Beziehung zwischen dem Rechten (Richtigen) und dem Gerechten besteht. Die Etymologie allein kann allerdings nicht darüber entscheiden, wie ein Wort mittlerweile gebraucht wird. Würde man an der Gleichsetzung von Gerechtigkeit und (moralischer) Richtigkeit festhalten, hätte man eine sehr unspezifische Bestimmung des Prädikats „gerecht". Das entspricht aber offenbar nicht mehr der heutigen Verwendung des Wortes, der zufolge nicht alles moralisch Richtige als gerecht bezeichnet wird, sondern das Gerechte nur einen Teilbereich des moralisch Richtigen ausmacht.[14]

Um systematisch an die Frage heranzugehen, wie sich Gerechtigkeit begrifflich explizieren lässt, bietet es sich an, einer Strategie zu folgen, die John Stuart Mill im fünften und letzten Kapitel seiner Utilitarismus-Schrift[15] eingeschlagen hat, das sich mit Gerechtigkeit (im Utilitarismus) beschäftigt: Mill führt zunächst unterschiedliche Verwendungen des Gerechtigkeitsbegriffs vor, liefert also eine Art sprachliche „Phänomenologie", und versucht anschließend, die Redeweisen auf einen gemeinsamen Nenner zu bringen.

Eine (bereits leicht systematisierte) Landkarte der Verwendungen des Gerechtigkeitsprädikats könnte nun etwa so aussehen: Zunächst einmal hängt Gerechtigkeit – schon sprachlich – sehr eng mit dem *Recht* zusammen. Man könnte meinen, Gerechtigkeit bestünde darin, Menschen zu ihrem Recht zu verhelfen. Dabei darf man Recht allerdings nicht nur juridisch verstehen, denn das faktisch geltende Recht kann ungerecht sein; es müssen also ideale moralische Rechte gemeint sein.

Eine andere Verwendung besteht offenbar darin, dass Menschen ihren gerechten Anteil bekommen sollen – also das, was sie *verdienen* oder *was ihnen zusteht*. Erhält jemand zum Beispiel einen Preis, der ihm nicht zusteht, empfinden wir das als ungerecht.

Ungerecht nennen wir es auch, wenn jemand wortbrüchig wird, also seine (expliziten oder impliziten) *Versprechen* nicht einhält. Es ist beispielsweise ungerecht, wenn der Chef einer Firma eine versprochene Beförderung nicht vornimmt.

Schließlich wird Ungerechtigkeit oft mit Parteilichkeit in Verbindung gebracht: Zum Beispiel muss ein Richter, der als gerecht gelten will, in erster Linie *unparteilich* entscheiden.

Dies sind im Wesentlichen die Verwendungsweisen, die Mill vorführt (vgl. Mill 1863, 128–139). Ich gehe davon aus, dass sie die Anwendung des Begriffs „gerecht" weitgehend umfassen, auch wenn sich vielleicht noch weitere Verwendungen finden lassen.

Man kann nun im nächsten Schritt fragen, ob eine der genannten Verwendungen den Kerngedanken der Gerechtigkeit enthält, also (zumindest) die anderen Verwendungen mit umfasst. Die Antwort darauf würde wohl folgendermaßen aussehen:

Versprechen einzuhalten ist ein zu spezieller Fall von Gerechtigkeit, der sicher nicht alle Anwendungen des Prädikats umfasst. Auch wenn im Vorhinein keine Versprechen auf einen (bestimmten) Anteil eines Gutes gegeben wurden, kann zum Beispiel eine Güterverteilung ungerecht sein.

Unparteilichkeit umfasst sicher ebenfalls nicht den gesamten Bereich der Gerechtigkeit, zum Beispiel nicht das Halten von Versprechen. Außerdem ist Unparteilichkeit vielleicht auch nicht immer einschlägig, wenn es um Gerechtigkeit geht.[16]

Rechtsverletzungen sind nach üblichem Sprachgefühl eher Fälle von Unrecht, aber nicht unbedingt etwas, das wir immer als Ungerechtigkeit bezeichnen würden. Beispielsweise ist ein Mord eine Rechtsverletzung, aber keine Ungerechtigkeit. Das moralische Recht umfasst auch nicht die Gerechtigkeit insgesamt – man kann sämtliche Rechte einhalten und trotzdem etwas Ungerechtes tun.[17]

Mill versucht nun überraschenderweise dennoch, die Rede von Rechten als zentrale Verwendung von „gerecht" auszuweisen (vgl. a.a.O., 149) und zu zeigen, dass sie die anderen Verwendungen umfasst: Ein Versprechen zu brechen verletze ein Recht; nicht zu bekommen, was man verdient, ebenfalls; und dasselbe gelte auch für Parteilichkeit, da sie Rechtsansprüche übergeht (vgl. a.a.O., 181 ff.).

Somit muss Mill davon ausgehen, dass der Begriff „ungerecht" („unjust") auch auf Rechtsverletzungen angewendet wird – und nicht der spezifischere Terminus „Unrecht". In der Tat verwendet Mill den Begriff so. Dies mag nicht zuletzt sprachspezifische Gründe haben: Im Englischen wird der Terminus „unjust" auch für Rechtsverletzungen benutzt, so dass der Einwand, „ungerecht" und „unrecht" seien nicht deckungsgleich, für die englische Sprache vielleicht nicht einschlägig ist.[18] Zumindest im Deutschen klingt es aber merkwürdig, Rechtsverletzungen als Ungerechtigkeit zu bezeichnen; in unserer Sprache scheinen die Bereiche Recht und Gerechtigkeit deutlicher voneinander abgehoben zu werden.

Prüfen wir, bevor wir in eine vielleicht nur sprachspezifisch bedingte Sackgasse geraten, die Alternative, die nach der Diskussion verblieben ist: Wäre es nicht nahe liegend, das Gerechte begrifflich als das zu bestimmen, was man verdient oder was einem zusteht?

Mill untersucht diese Option wohl deshalb nicht eingehend, weil er Verdienst sehr eng fasst: Es fällt bei ihm mit moralischem Verdienst zusammen – Rechttun soll mit Gutem vergolten werden, Unrechttun mit Bösem (vgl. a.a.O. 133). Dies wäre sicher nur eine spezielle Verwendung des Gerechtigkeitsbegriffs. Aber man kann Verdienst in einem weiteren Sinne verstehen – als das, was einem (aus zu spezifizierenden Gründen) zusteht. Diese Definition umfasst offenbar die anderen Verwendungsweisen von „gerecht": Wird parteilich entschieden, bekommt nicht jeder, was ihm zusteht; das Einhalten eines abgegebenen Versprechens steht einem zu, und ebenso die Einhaltung von Rechten.

Es sollte darauf hingewiesen werden, dass dies auch das traditionelle antike Verständnis von Gerechtigkeit war, wie wir im nächsten Kapitel bei Aristoteles noch sehen werden: Gerecht heißt, jedem das Seine zukommen zu lassen, also das, was ihm oder ihr zusteht.[19] Die Rede von individuellen Rechten ist der Antike hingegen eher fremd; insofern ist Mills Explikationsvorschlag historisch und kulturell nicht neutral. Auch von daher überrascht es, dass Mill die Alternative, Verdienst als Kern des Gerechtigkeitsbegriffs anzusehen, nicht einmal ernsthaft in Erwägung zieht, denn er muss ja eine allgemein zutreffende, zeitunabhängige Begriffsbestimmung gesucht haben.

Nun sollte man die Differenz zwischen den beiden Vorschlägen aber nicht größer erscheinen lassen, als sie vielleicht tatsächlich ist: Wenn man Rechte etwas offener versteht, also nicht als etwas bereits Kodifiziertes, sondern als das, worauf man einen berechtigten Anspruch hat, dann fallen die beiden Vorschläge fast zusammen – denn was unterscheidet berechtigte Ansprüche von dem, was einem zusteht?[20]

Wir sind damit bei einem brauchbaren Vorschlag für eine begriffliche Bestimmung von Gerechtigkeit angelangt und haben auch schon gesehen, dass die im Anschluss an Mill aufgeführten unterschiedlichen Verwendungsweisen darunter gefasst werden können. Nun sollten wir noch zweierlei prüfen:
–   Werden durch die Explikation auch die unterschiedlichen *Typen* von Gerechtigkeit erfasst, die in den Vorbemerkungen (Kapitel 1) genannt wurden?
–   Ist der Vorschlag *inhaltlich neutral*, präjudiziert er also keine bestimmte Konzeption der Gerechtigkeit?
Wenn beides erfüllt ist, kann man den Explikationsvorschlag als hinreichend gestützt ansehen.

Zunächst zum ersten Punkt: Unterschieden hatten wir als Typen von Gerechtigkeit grundsätzlich Verteilungsgerechtigkeit, ausgleichende (oder korrektive) Gerechtigkeit und Tauschgerechtigkeit.

Für Verteilungsgerechtigkeit scheint es klar, dass sie unter die vorgeschlagene Explikation von Gerechtigkeit fällt: Eine gerechte Verteilung ist eine solche, in der jeder bekommt, was ihm zusteht. Die Rede von Rechten kann hier hingegen zu eng sein – vielleicht entstehen Rechte erst durch eine gerechte Verteilung.[21]

Im Falle der ausgleichenden Gerechtigkeit scheint die Begriffsbestimmung ebenfalls geeignet zu sein: Jeder soll durch den Ausgleich das erhalten, was ihm (eigentlich) zusteht.

Und auch speziell für Strafgerechtigkeit scheint der Vorschlag zu passen: Bestraft werden soll der, der es verdient, in dem Maße, in dem er es verdient hat. Hier von Rechten zu reden wirkt hingegen merkwürdig: Hat der Bestrafte ein Recht auf die Strafe?[22]

Im Falle der Tauschgerechtigkeit leuchtet es ebenfalls ein, dass bei einem gerechten Tausch jeder bekommen sollte, was ihm zusteht.

Die wichtigsten Typen der Gerechtigkeit werden also vom Explikationsvorschlag erfasst.

Nun zum zweiten Punkt: Inhaltliche Neutralität scheint für die vorgeschlagene Explikation von Gerechtigkeit insofern gewahrt zu sein, als ja vollkommen offen ist, *was* Menschen zusteht. Dies zu beantworten hieße erst, einen inhaltlichen Vorschlag zur Gerechtigkeit zu machen.

Lassen sich die im Rahmen der Vormerkungen (Kapitel 1) genannten alternativen Gerechtigkeitsgrundsätze zur (vor allem strittigen) distributiven Gerechtigkeit aber tatsächlich in dieser Leerstelle einfügen? Zur Erinnerung: Wir hatten Gleichheit, Bedürfnis und Verdienst als Verteilungsprinzipien unterschieden.

Für Gleichheit scheint das der Fall zu sein: Offenbar ist es ein möglicher inhaltlicher Vorschlag zu sagen, allen stünde dasselbe zu.

Ebenfalls prinzipiell denkbar ist ein Bedarfsprinzip der Verteilung: Man kann die Position vertreten, allen stünde das zu, was sie brauchen.[23]

Problematisch ist hingegen offenbar das Verdienstprinzip: Wenn eine Verteilung nach Verdienst ein spezifischer *inhaltlicher* Vorschlag zur Gerechtigkeit ist, wie kann Verdienst dann zugleich als allgemeine Definition von Gerechtigkeit dienen?

Zur Klärung ist es wichtig, Verdienst im speziellen Sinne von der allgemeinen Klausel „was einem zusteht" zu unterscheiden. Im prägnanten Sinne meint Verdienst offenbar so etwas wie: die Zuteilung sollte nach Leistung, Aufwand oder einem ähnlichen für relevant erachteten Maßstab erfolgen. Nur durch solche inhaltlichen Assoziationen wird Verdienst zu einem spezifischen Gerechtigkeitsprinzip.

Meines Erachtens verwenden wir Verdienst sowohl im generellen wie im speziellen Sinne, und sich diese unterschiedlichen Verwendungen des Begriffs bewusst zu machen, löst das aufgeworfene Problem. Zur Unterscheidung sollte, wie ich es bisher schon weitgehend getan habe, bei der allgemeinen begrifflichen Bestimmung statt von Verdienst besser von dem gesprochen werden, was Personen zusteht.

Es bleibt noch eine letzte Frage zu klären: Die vorgeschlagene Explikation von Gerechtigkeit geht offensichtlich von den Empfängern (von Gütern oder Übeln) aus. Wie wir aber in den Vorbemerkungen feststellten, werden insbesondere Handlungen, Personen, Verteilungen und Zustände als gerecht oder ungerecht bezeichnet. Passt der Vorschlag überhaupt zu diesen Standardverwendungen des Prädikats?

Ich denke, das ist durchaus der Fall: Eine Handlung ist gerecht, wenn sie allen gibt, was ihnen zusteht; eine Person ist gerecht, wenn sie (generell und aus der entsprechenden Einstellung heraus) anderen zukommen lässt, was ihnen zusteht; und eine Verteilung oder ein Zustand ist gerecht, wenn alle bekommen (haben), was ihnen zusteht.[24]

Damit haben wir alles Nötige getan, um den Explikationsvorschlag zu motivieren und zu verteidigen. In den folgenden Kapiteln wird zu prüfen sein, ob sich die Begriffsbestimmung tatsächlich als tauglich erweist.[25]

3 Gerechtigkeit in der Tugendethik

Im letzten Kapitel haben wir zwei begriffliche Klärungen vorgenommen: Zum einen wurde gefragt, unter welchen Voraussetzungen sich die Prädikate „gerecht" und „ungerecht" sinnvoll anwenden lassen. Wie sich gezeigt hat, ist folgende Bedingung einschlägig: Sofern – wie wir annehmen wollen – ein Gerechtigkeitsurteil handlungsleitende Implikationen hat, muss ein Zustand, damit er sinnvoll als ungerecht bezeichnet werden kann, durch unser Handeln prinzipiell veränderbar sein. Es ist hingegen nicht zwingend, dass der Zustand intentional herbeigeführt wurde.

Zum anderen haben wir nach einer inhaltlich neutralen, die diversen Gerechtigkeitstypen umfassenden begrifflichen Explikation von „gerecht" gesucht. Folgender Vorschlag hat sich als tragfähig erwiesen: Gerechtigkeit (sei es der Verteilung, des Tausches oder des Ausgleichs) besteht darin, dass alle bekommen, was ihnen zusteht. Dabei ist offen, was Personen zusteht – im Unterschied zu Verdienst im prägnanten Sinne können unterschiedliche Kandidaten für Gerechtigkeitsprinzipien diese formale Bestimmung ausfüllen. Man könnte statt von Zustehen auch von berechtigten Ansprüchen von Personen reden.

Ab diesem Kapitel wird es nun um inhaltliche Vorstellungen zur Gerechtigkeit gehen. Wie in den Vorbemerkungen angekündigt, will ich zunächst besprechen, was wichtige traditionelle Moralkonzeptionen zur Gerechtigkeit zu sagen haben. Es muss insbesondere geprüft werden, wie aussagekräftig und tragfähig ihre jeweiligen Überlegungen und Vorschläge sind.

Wir beginnen mit der in unserer Kultur lange Zeit dominanten Tugendethik. Es bietet sich an, dabei vor allem auf ihren wichtigsten Vertreter einzugehen: Aristoteles. Zum Abschluss des Kapitels werde ich noch einen kurzen Blick auf spätere Tugendethiker werfen.

3.1 Gerechtigkeit in Aristoteles' „Nikomachischer Ethik"

In der „Nikomachischen Ethik" widmet Aristoteles der Gerechtigkeit ein komplettes Buch – das fünfte. Dies ist ein deutliches Indiz dafür, dass Gerechtigkeit Menschen nicht nur heute bewegt, sondern dass sie auch schon vor langer Zeit eine höchst relevante moralische Kategorie war. Nach Aristoteles nimmt die Gerechtigkeit sogar die Stellung der wichtigsten Tugend ein, sofern die Tugenden auf unser Verhalten gegenüber anderen bezogen sind (vgl. 1129b[26]); sie ist für ihn also die zentrale moralische Tugend im engeren, heutigen Sinne.[27]

Ein weiterer, bereits im vorangegangenen Kapitel angesprochener Punkt findet sich in ähnlicher Form ebenfalls in der „Nikomachischen Ethik": Aristoteles zufolge gibt es ein weites Verständnis von Gerechtigkeit, das einfach das Gesetzmäßige oder das charakterlich Gute meint, sofern es auf andere bezogen ist (vgl. 1130a). Davon sei Gerechtigkeit im spezifischen Sinne (die uns hier ausschließlich interessiert) abzugrenzen. Dies ist eine Entsprechung zu den etymologischen Befunden in der deutschen Sprache, die ich erwähnt hatte: Gerecht meinte ursprünglich einfach das Rechte oder Richtige, bevor es spezifischer bestimmt wurde. Das scheint für die altgriechische Sprache in weitgehend analoger Weise zuzutreffen, auch wenn der Befund von Aristoteles primär auf das Gute, nicht auf das Richtige bezogen wird.

Das 5. Buch der „Nikomachischen Ethik" ist ein schwer zugänglicher Text, und nicht alles daran ist für uns interessant. Warum sind Aristoteles' Überlegungen aus heutiger, systematischer Sicht überhaupt relevant? Meines Erachtens aus zwei Gründen:

Zum einen repräsentiert die „Nikomachische Ethik" einen bis heute wichtigen Typus von Moraltheorie, die Tugendethik. Es ist wichtig zu sehen, wie Gerechtigkeit im Rahmen der Tugendethik charakterisiert wird und welche Rolle sie in einer solchen Konzeption spielt.[28]

Zum anderen finden sich bei Aristoteles eine Reihe von detaillierteren Überlegungen zur Gerechtigkeit, die bis heute einflussreich sind. Sie zu betrachten ist hilfreich im Hinblick auf die systematische Untersuchung inhaltlicher Auffassungen zur Gerechtigkeit, die in späteren Kapiteln des Buches erfolgen soll.

3.2 Gerechtigkeit als Tugend?

Ich möchte mit dem ersten der beiden eben genannten Punkte beginnen, der Stellung der Gerechtigkeit in der Tugendethik. Dazu ist es notwendig, einige allgemeine Bemerkungen zur aristotelischen Tugendethik voranzustellen. Aristoteles geht davon aus, dass die fundamentale ethische Kategorie Tugenden – und nicht Pflichten oder Konsequenzen – sind. Eine Tugend ist ein Habitus (vgl. 1106a), also eine stabile Affekt- und Verhaltensdisposition, die positiv bewertet wird. Nach Aristoteles' Ansicht geht es in einer ethischen Theorie wesentlich darum, die Tugenden zu charakterisieren und zu bestimmen. Mehr an theoretischen Ergebnissen als allgemeine Umrisse könne die Ethik nicht liefern. Insbesondere hält Aristoteles offenbar starre Prinzipien und Handlungsanweisungen für unangemessen; das moralisch Angemessene sei situativ zu bestimmen (vgl. 1104a).

Der Tugendhafte müsse (und könne) selbst wissen, welche Handlung in einer Situation zu vollziehen sei (ebd.).

Die Tugenden als angemessenen Habitus versucht Aristoteles nun durch seine sogenannte Mesotes-Lehre – Lehre von der Mitte – zu charakterisieren: Seiner Beobachtung zufolge ist eine Tugend eine Haltung, die hinsichtlich eines Affekts und/oder eines Handlungsbereichs zwischen zwei Extremen liegt; die Extreme bilden die korrespondierenden Laster (vgl. 1106a).[29] Beispielsweise liegt Mut in der „Mitte" zwischen den Extremen Furcht – zu wenig Zuversicht – und Übermut – zu viel Zuversicht (vgl. 1107b). Wo genau die angemessene Haltung liegt, lasse sich nicht theoretisch bestimmen; die Mitte in einer Situation treffen könne nur der Tugendhafte.[30]

Was von einem solchen Ethik-Verständnis zu halten ist, müsste natürlich grundsätzlich diskutiert werden. Ist es wirklich befriedigend, dass die Ethik als Disziplin so wenig Theorie liefert und insbesondere kaum explizite Handlungsanleitung gibt? Lässt sich im Rahmen der philosophischen Ethik nicht doch mehr dazu sagen, wie Menschen handeln sollten? Diese Debatte kann und werde ich aber im Rahmen dieses Bandes nicht führen, sondern mich auf die spezifischen Probleme beschränken, die sich ergeben, wenn Gerechtigkeit primär als eine Tugend aufgefasst wird.

Auch die Gerechtigkeit ist Aristoteles zufolge eine Tugend, und sie muss im Rahmen seines ethischen Programms auch vorrangig als solche betrachtet werden. Gerechtigkeit im engeren Sinne betreffe das Austeilen oder den Ausgleich von Gütern und Übeln (vgl. 1130b/1131a). Sofern die eigene Person in den Austausch oder die Verteilung involviert ist, kann man für sich selbst zu viel oder zu wenig beanspruchen. Als negativ bewerteter Habitus entspricht dem jeweils ein Laster: Habgier im Falle des zu viel Beanspruchens (vgl. 1129a), so etwas wie übermäßige Bescheidenheit im Falle des zu wenig Beanspruchens.[31] Gerecht ist hingegen derjenige, der angemessen viel für sich in Anspruch nimmt.

Im Falle des Tausches und auch der Verteilung, bei der man selbst als Empfänger vorgesehen ist, erscheint diese Bestimmung der Gerechtigkeit als einer Mitte soweit überzeugend. Aber nicht jede Situation, in der Güter oder Übel verteilt werden, ist von dieser Art. Geht es in der Verteilung ausschließlich um andere als Empfänger, ist weniger klar, was die der Ungerechtigkeit korrespondierenden Laster desjenigen sein sollen, der die Verteilung vornimmt. Passt die Mesotes-Lehre auf diesen Fall überhaupt?[32]

Vielleicht lässt sich das praktische Problem der Bestimmung einer gerechten Verteilung lösen, indem man sich denjenigen, der an andere verteilt, als jemanden vorstellt, der sich in die Situation hineinversetzt und davon ausgehend überlegt, was zu beanspruchen jeweils angemessen wäre, wenn er Empfänger wäre (damit wird eine Art Unparteilichkeit gesichert). Das ändert allerdings nichts daran, dass unklar ist, welche zwei Laster des zu viel oder zu wenig es sein sollen, die der gerechte (neutrale oder unparteiliche) Verteiler vermeiden muss – Parteilichkeit wäre ja wiederum nur *ein* Laster, das allerdings zugunsten verschiedener Parteien ausschlagen kann.

Um nicht bei speziellen Problemen der Anwendbarkeit von Aristoteles' Mesotes-Lehre auf die Gerechtigkeit stehenzubleiben, sollte man hier grundsätzlicher einhaken und fragen, ob Aristoteles' Bestimmung von Gerechtigkeit überzeugt.

Sie entspricht, das lässt sich zunächst zu ihren Gunsten sagen, sicherlich der im vorigen Kapitel gegebenen Explikation von Gerechtigkeit: Man soll auch im Rahmen der aristotelischen Auffassung von Gerechtigkeit bekommen, was einem zusteht – angemessen viel und eben nicht zu viel oder zu wenig.[33]

Durchaus konsequent, aber problematisch erscheint es, dass Aristoteles im Rahmen seiner Tugendkonzeption primär *Akteure* als gerecht oder ungerecht auszeichnen will; die Gerechtigkeit oder Ungerechtigkeit von Zuständen müsste daraus abgeleitet werden. Primärer Gegenstand der Betrachtung sind also nicht Verteilungen, und damit bildet auch nicht der Blick auf Empfänger von Zuteilungen den Ausgangspunkt von Gerechtigkeitsurteilen – anders als man von der Begriffsexplikation her erwarten würde, der zufolge es ja um die *Ansprüche* von Personen geht. Das ist im Rahmen einer (reinen) Tugendethik zwangsläufig so, aber aus sachlicher Perspektive ausgesprochen fragwürdig. Zumindest möchte man mehr über die gerechten Zuteilungen erfahren – lassen sie sich aus dem Verhalten der gerechten Person ableiten? Oder muss man nicht vielmehr zuerst klären, was den Empfängern zusteht, um sagen zu können, ob ein Akteur gerecht oder ungerecht handelt (beziehungsweise ist)?

Mir scheint es eindeutig so zu sein, dass zunächst darüber gesprochen werden muss, was den Empfängern zusteht, bevor man auf dieser Grundlage gerechtes Verhalten und damit die Tugend der Gerechtigkeit bestimmen kann. Dies wird bei Aristoteles dadurch verdeckt, dass er mit der Rede vom angemessen viel Beanspruchen von Situationen ausgeht, in denen der Verteiler zugleich Empfänger ist: Es scheint dann so, als würde primär über die Gerechtigkeit des Akteurs geredet, während man in Wahrheit nur deshalb erkennen kann, was einen gerechten Akteur ausmacht, weil man ihn implizit auch als Empfänger betrachtet. In Fällen, in denen der Verteiler nicht zugleich Empfänger ist, ist hingegen (wie gesehen) nicht klar, worin gerechtes Verhalten besteht. Das Konzept der Tugend hat, wenn ich hiermit richtig liege, hinsichtlich der Gerechtigkeit nicht das Primat. Daher kann eine reine Tugendethik Gerechtigkeit nicht vollständig erfassen.

Die einzige Rettungsmöglichkeit, die ich sehe (und die Aristoteles vermutlich auch entgegenkäme), wäre zu behaupten, dass sich Gerechtigkeit nur situativ anhand von Exempeln aufzeigen lässt – und dass sich nur dann verlässliche Beispiele ergeben, wenn man sich eine tugendhafte (also in diesem Fall: gerechte) Person vor Augen führt. Vielleicht ist es also möglich, das tugendethische Programm auch mit Bezug auf die Gerechtigkeit konsequent durchzuhalten. Dann würde aber zumindest als Bedenken bestehen bleiben, dass es sich um eine möglicherweise unnötig theoriefeindliche Position handelt. Zunächst einmal sollte man prüfen, ob sich über gerechte Zustände und Verteilungen nicht doch generelle Aussagen treffen lassen. Aristoteles selbst versucht das, wie wir gleich sehen werden, durchaus auch – insofern scheint er hinsichtlich der Gerechtigkeit seinem tugendethischen Ansatz nicht treu zu bleiben.[34]

3.3 Aristoteles' inhaltliche Vorschläge zur Gerechtigkeit

Aristoteles ist in Richtung einer inhaltlichen Klärung der Gerechtigkeit einen weiteren Schritt gegangen, der (wie gesagt) auf die philosophische Beschäftigung mit der Thematik großen Einfluss hatte.

Ich fasse die wichtigen Punkte knapp zusammen: Zunächst unterscheidet Aristoteles zwischen *distributiver* und *ausgleichender*[35] Gerechtigkeit (vgl. 1130b/1131a). Distributive Gerechtigkeit bezeichnet die gerechte Verteilung von bereitstehenden Gütern; ausgleichende Gerechtigkeit meint gerechte Transaktionen zwischen Personen, die freiwillig (im Falle eines Tausches) oder unfreiwillig (im Falle eines Vergehens) sein können (vgl. 1131a).

In beiden Fällen geht es, so Aristoteles, um eine Art von Gleichheit. Mit Blick auf die ausgleichende Gerechtigkeit ist damit folgendes gemeint: Der Wert von freiwillig getauschten Gütern sollte gleich sein; sofern einer der beiden Partner zu viel bekommt, muss ein Ausgleich geschaffen werden, der in einer angleichenden Korrektur besteht. Entsprechendes gelte auch im Falle einer unrechtmäßigen Aneignung für die Wiedergutmachung, die einen Ausgleich erfordert (vgl. 1132a).

Im Falle distributiver Gerechtigkeit muss es laut Aristoteles ebenfalls um Gleichheit gehen – allerdings nicht um einfache (arithmetische), sondern um proportionale Gleichheit (vgl. 1131a). Damit meint er folgendes: Die verteilten Güter müssen im selben Verhältnis zueinander stehen wie die (berechtigten Ansprüche der) Personen.[36] Wenn eine Person dreimal so viele Anrechte hat wie eine andere, sollte sie auch dreimal so viel an Gütern zugeteilt bekommen.

Zu Aristoteles' Überlegungen möchte ich einige allgemeine Bemerkungen voranstellen, bevor ich auf die inhaltlichen Vorschläge im Einzelnen eingehe.

Zunächst einmal sollte grundsätzlich festgehalten werden, dass Aristoteles bei der Spezifikation der Gerechtigkeit offenbar doch an erster Stelle auf die Empfänger schaut – und auch schauen muss. Die angemessene Verteilung oder der gerechte Ausgleich lassen sich nicht alleine aus dem Verhalten des zuteilenden oder ausgleichenden Akteurs ableiten; vielmehr wird eine Antwort auf die Frage, was den Empfängern jeweils zusteht, vorausgesetzt, um sagen zu können, ob der Akteur gerecht oder ungerecht ist. Gerecht ist nicht, was ein gerechter Akteur zuteilt, sondern ein gerechter Akteur teilt zu, was gerecht ist. Damit entfernt sich Aristoteles vom tugendethischen Programm – die Tugend ist im Falle der Gerechtigkeit nicht die primäre, sondern eine derivative Größe. In sachlich-systematischer Hinsicht ist sein Vorgehen aber das angemessene, wenn nicht sogar zwingende.

Zum zweiten ist die Unterscheidung zwischen Gerechtigkeitstypen generell ein wichtiger Schritt, auch wenn er in dieser Form überraschend und vielleicht auch nicht vollständig ist. Es fällt auf, dass Aristoteles nur zwei Typen von Gerechtigkeit unterscheidet – distributive und ausgleichende. Die kommutative Gerechtigkeit ist bei ihm eine Unterart der ausgleichenden.[37] An dieser Zuordnung ist zunächst einmal nicht unbedingt etwas auszusetzen. Es zeigt aber, dass Aristoteles im Falle von Vergehen hinsichtlich der Gerechtigkeit nur an Wiedergutmachung denkt, nicht an Strafe. Der Typus der Strafgerechtigkeit (retributive Gerechtigkeit) wird von ihm unterschlagen.[38]

Kommen wir nun zu Aristoteles' inhaltlichen Thesen. An Aristoteles' Vorschlag für ein Prinzip zur *ausgleichenden Gerechtigkeit* ist nicht viel zu bemängeln – es erscheint plausibel, dass durch Fehlverhalten entstandene Schäden im Rahmen der Wiedergutmachung und auch Unausgewogenheit beim Tausch so ausgeglichen werden sollten, dass das, was der eine Partner zu viel erhalten (oder sich beschafft) hat, demjenigen zugeschlagen werden sollte, der zu wenig erhalten (oder zurückbehalten) hat.[39]

Allerdings ist es zumindest im Falle des Tausches offenbar nicht leicht, ein Maß dafür zu finden, dass tatsächlich Gleichwertiges getauscht wird – dies gilt schon für den Gütertausch, aber erst recht für den Tausch von Arbeitsleistung gegen Lohn. Ist der inhaltliche Vorschlag von Aristoteles hier wirklich hilfreich?[40]

Es erscheint lohnend, sich mit Aristoteles' Prinzip zur *distributiven Gerechtigkeit* etwas ausführlicher zu beschäftigen. Insbesondere muss gefragt werden, ob es sich bei der von Aristoteles vertretenen proportionalen Gleichheit tatsächlich um einen inhaltlichen Vorschlag zur Verteilungsgerechtigkeit handelt, oder ob hier nur der begriffliche Punkt genauer spezifiziert wird, dass alle bekommen sollen, was ihnen zusteht.

Meines Erachtens trifft letzteres zu – proportionale Gleichheit ist kein inhaltliches Prinzip: Zunächst einmal lässt der Gesichtspunkt der Proportionalität offen, *welche* Charakteristika von Personen als Basis für die Bestimmung der ihnen jeweils zustehenden Güter dienen sollen. *Verdienst* im engeren Sinne (Leistung, Aufwand) liegt zwar in dieser Hinsicht nahe, ist aber nur eine Möglichkeit.

Denkbar ist ebenfalls, als berechtigenden Anspruch *Bedürfnisse* einzusetzen: Wer doppelt so viel an Nahrungsmitteln benötigt wie ein anderer, sollte auch doppelt so viel erhalten. Und auch *Gleichheit* ist ein mögliches Ergebnis, sofern man davon ausgeht, dass die Personen in der für die Verteilung relevanten Hinsicht gleich sind und folglich gleich viel erhalten sollten.[41]

Das Prinzip der proportionalen Gleichheit ist also neutral gegenüber den spezifischen, umstrittenen Verteilungsprinzipien Verdienst, Bedürfnis und Gleichheit. Offenbar lässt sich der Gedanke der Proportionalität unterschiedlich ausgestalten; für eine inhaltliche und nicht nur begriffliche Gerechtigkeitskonzeption hängt alles davon ab, welcher „Input" als Anspruchsbasis relevant ist.

Proportionalität scheint andererseits, wenn es um den Fall der Verteilungsgerechtigkeit geht, eine geeignete Spezifikation des Gedankens zu sein, jeder solle bekommen, was ihm zusteht: Sofern die Ansprüche (also das, was einem zusteht) in einem bestimmten Verhältnis stehen, sollten die Güter diesem Verhältnis gemäß verteilt werden.[42] Dementsprechend handelt es sich hier um eine Fortführung der begrifflichen Explikation von Gerechtigkeit.[43]

Aristoteles hat aber neben der allgemeinen Charakterisierung von Verteilungsgerechtigkeit als proportionaler Gleichheit vielleicht auch einen bestimmten inhaltlichen Vorschlag vor Augen: Er denkt zum einen an eine Art differenzierendes Verdienst im engeren Sinne – dies zeigt sich daran, dass er den Begriff „Würdigkeit" (1131a) verwendet, der nicht auf Bedürfnisse oder Gleichheit, sondern eher auf Verdienst zu passen scheint. Und Aristoteles hat zum anderen möglicherweise eine spezifische Vorstellung davon, worin das Verdienst besteht. Im 5. Buch der „Nikomachischen Ethik" lässt sich die Verdienstbasis aber nur erahnen: Gedacht ist eventuell daran, dass Menschen je nach Tugendhaftigkeit unterschiedlich viel an Gütern beanspruchen können.[44]

Diese Vorstellung (wenn sie denn von Aristoteles vertreten wird) ist uns heute sicher eher fremd – wir würden Güter in aller Regel nicht nach moralischem Verdienst verteilen. Hinzu kommt, dass Aristoteles von einer mit der Geburt feststehenden „Würdigkeit" ausgeht, wie sich an seiner Rechtfertigung des natürlichen Sklavenstandes in der „Politik" ablesen lässt. Wenn wir hingegen überhaupt etwas als Verdienst anerkennen würden, dann nicht das, was Menschen von Geburt zukommt, sondern das, was sie sich (zumindest partiell) als eigene Leistung zuschreiben können.[45]

Eine letzte Frage, die das Proportionalitätsprinzip betrifft, will ich zum Schluss dieses Abschnitts noch ansprechen: Aristoteles meint, es handle sich hier um eine Art von Gleichheit. Das ist rein formal gesehen sicher auch plausibel, denn es geht ja um gleiche Proportionen. Aber ist proportionale Gleichheit ein egalitäres Prinzip? Diese Frage wird bis heute kontrovers diskutiert.

Ich halte es nicht für überzeugend, dass es sich beim Proportionalitätsprinzip um ein genuin egalitäres Prinzip handelt.[46] Mit Verhältnisgleichheit lassen sich beliebig inegalitäre Verteilungen verbinden – denn ungleicher „Input" soll ja ungleichen „Output" erzeugen. Beispielsweise könnte sogar das Geschlecht als relevanter Parameter gelten und somit im Rahmen proportionaler Gleichheit vertreten werden, dass Männern doppelt so viel zusteht wie Frauen. Egalitär kann das Prinzip nur durch den Zusatz werden, dass bestimmte Merkmale nicht ausschlaggebend sind – etwa durch ein Verbot von (primären) Diskriminierungen. Es handelt sich bei proportionaler Gleichheit (wie gesehen) um ein Element der begrifflichen Explikation von Verteilungsgerechtigkeit, also um etwas inhaltlich Neutrales, das *per se* nicht egalitär geprägt ist.

3.4 Tugendethik im Anschluss an Aristoteles

Es bietet sich an zu fragen, ob es Aristoteles' tugendethischen Nachfolgern gelungen ist, die Probleme, die der tugendethische Ansatz mit der Gerechtigkeit hat, zu beheben und aufschlussreichere inhaltliche Vorschläge zur Gerechtigkeit zu entwickeln.

Meines Erachtens ist das nicht der Fall. Dies lässt sich am deutlichsten an Aristoteles' bedeutendstem Nachfolger zeigen, Thomas von Aquin. Dieser geht zwar in der „Summa theologica" einen wichtigen Schritt über die aristotelische Vorlage hinaus und korrigiert sie in einer wesentlichen Hinsicht. Dies geschieht aber um den Preis, dass das tugendethische Programm weitgehend preisgegeben wird. Thomas erkennt nämlich, dass die (spezielle) Gerechtigkeit als eine Tugend anders beschaffen ist als andere Tugenden – sie bildet keine Mitte zwischen zwei Extremen.[47] Die Mesotes-Lehre ist im Falle der Gerechtigkeit nicht anwendbar; vielmehr handelt es sich um eine operative Tugend, die anders bestimmt werden muss (vgl. IaIIae, q. 59, a. 5 & q. 60, a. 2; IIaIIae, q. 58, a. 8).[48] Insofern findet sich bei Thomas in dieser Hinsicht keine Lücke in der ethischen Theorie – anders als im Falle von Aristoteles stellt sich nicht die Frage, welche korrespondierenden Laster (als zu viel oder zu wenig in der relevanten Hinsicht) zur Gerechtigkeit gehören.

Allerdings ist dann natürlich zu klären, welche Handlungen („operationes") denn nun gerecht oder ungerecht sind. An dieser Stelle bricht Thomas von Aquin konsequenter Weise mit dem tugendethischen Programm, da er – übrigens nicht nur im Falle der Gerechtigkeit – unabhängig von (und systematisch vor) den Tugenden die Qualität von Handlungen zu bestimmen sucht (vgl. IaIIae, q. 18–21). Im Traktat über Gerechtigkeit finden sich denn auch viele Details zu unrechtem Handeln, die jedoch nicht spezifisch auf Gerechtigkeit bezogen sind (vgl. IIaIIae, q. 64 ff.).

Was Thomas ebenfalls nicht deutlich herausstellt, ist der grundsätzliche Punkt, dass im Falle der Gerechtigkeit zunächst über die Ansprüche der Empfänger gesprochen werden muss, um Handlungen als gerecht auszeichnen zu können. Er folgt weitgehend seinem „Meister" in der Unterscheidung der Gerechtigkeitstypen und in der (formalen) Bestimmung proportionaler Gleichheit (vgl. IIaIIae, q. 61 ff.); inhaltlich fügt er den aristotelischen Überlegungen hier wenig hinzu. Die Defizite der Tugendethik hinsichtlich der Gerechtigkeit werden also auch bei Thomas von Aquin nicht wirklich behoben.

Sofern zeitgenössische Ethiker das tugendethische Programm, das heißt den Primat der Tugend, verfolgen, gehen sie auf die genannten Probleme mit der Gerechtigkeit nicht ein. Sie vermeiden es sogar eher aus verständlichen Gründen, über Gerechtigkeit zu reden. Mit Ausnahme von Martha Nussbaum, die eine (eigenartig konkrete) Theorie des guten Lebens vorlegt (vgl. Nussbaum 1993), bleiben heutige Tugendethiker in ihren Überlegungen meist sehr abstrakt, wie man an Autoren wie Philippa Foot und John McDowell sehen kann (vgl. Foot 1978 und McDowell 2002).

4 Gerechtigkeit im Utilitarismus

Im letzten Kapitel haben wir uns über Gerechtigkeit in der (vor allem aristotelischen) Tugendethik verständigt. Das wichtigste Resultat hinsichtlich des tugendethischen Programms war negativ: Gerechtigkeit als Tugend des Akteurs kann nicht die primäre Bestimmung, sondern nur abgeleitet sein; es muss zunächst etwas dazu gesagt werden, was den Empfängern von Leistungen oder Übeln zusteht. Dies gesteht Aristoteles zwar nicht explizit, aber durch sein weiteres Vorgehen bei der Behandlung der Gerechtigkeit auch zu.

Die aristotelische Mesotes-Lehre (Tugend als eine Art Mitte) lässt sich zudem nicht auf die Gerechtigkeit anwenden; das wurde bereits von Thomas von Aquin erkannt.

Aristoteles unterscheidet außerdem verschiedene Typen von Gerechtigkeit – distributive Gerechtigkeit und ausgleichende Gerechtigkeit, die bei ihm wiederum Tauschgerechtigkeit umfasst. Die Differenzierung war einflussreich und ist durchaus brauchbar, aber unvollständig: Strafgerechtigkeit fällt aus Aristoteles' Schema heraus.

Ausgleichende Gerechtigkeit wird von Aristoteles plausibel als eine angleichende Korrektur bestimmt. Zur distributiven Gerechtigkeit führt Aristoteles den Proportionalitätsgedanken ein: Die zugeteilten Güter müssen im gleichen Verhältnis stehen wie die (Ansprüche der) Personen. Das ist eine interessante Erläuterung, aber eher eine begriffliche Präzisierung von Gerechtigkeit und nicht ein inhaltlicher Vorschlag, der sagen müsste, *was* Personen aufgrund welcher Berechtigungsgründe zusteht.

4.1 Gerechtigkeit in John Stuart Mills „Utilitarianism"

In diesem Kapitel soll es nun um Gerechtigkeit in der Moraltheorie des Utilitarismus – und mit dem Utilitarismus verwandten Moralkonzeptionen – gehen. Ich werde mich vor allem auf einen der Gründerväter des Utilitarismus, John Stuart Mill, beziehen, weil er in seiner Utilitarismus-Schrift relativ ausführlich auf Gerechtigkeit eingeht und einen systematischen Vorschlag zur Stellung der Gerechtigkeit im Utilitarismus ausgearbeitet hat.

Mill hat der Gerechtigkeit in „Utilitarianism" (1863) ein ganzes und noch dazu recht umfangreiches Kapitel, das fünfte, gewidmet. Seine Phänomenologie der Gerechtigkeit ist interessant und hilfreich; ich hatte sie im zweiten Kapitel dieses Buches genutzt, um mich der begrifflichen Bestimmung von Gerechtigkeit zu nähern, und will sie in diesem Zusammenhang nicht wiederholen (vgl. Abschnitt 2.2).

Auch für Mill sind die Ausführungen zur Verwendung des Gerechtigkeitsbegriffs nur Vorklärungen, die das Phänomen der Gerechtigkeit zunächst einmal umreißen sollen. Die eigentliche systematische Frage, die er im 5. Kapitel von „Utilitarianism" beantworten will, ist die nach dem Zusammenhang zwischen der Gerechtigkeit und dem Utilitarismus. Darum wird es im Folgenden gehen. Die Frage ist wichtig für uns, denn der Utilitarismus (mit seinen Varianten) ist bis heute eine der zentralen Moralkonzeptionen. Und Mills Überlegungen zur Beziehung zwischen Gerechtigkeit und unverwässertem Utilitarismus sind durch neuere, auch zeitgenössische Ansätze nicht wesentlich übertroffen worden.

4.2 Lässt sich Gerechtigkeit auf Nutzenüberlegungen zurückführen?

Wie im vorangegangenen Kapitel über die Tugendethik will und muss ich auch in diesem Kapitel zunächst die relevante Moraltheorie, den Utilitarismus, kurz erläutern. Diese Moralkonzeption vertritt ein einziges, sehr einfaches oberstes Moralprinzip: Maßstab für die moralische Richtigkeit ist der Gesamtnutzen, den es zu maximieren gilt. Dieses Prinzip lässt sich genauer in folgende Elemente zerlegen:

(i)   Moralisch relevant sind nur die Folgen.
(ii) Die Folgen werden hinsichtlich des Nutzens (das heißt: des Glücks) für die Betroffenen bewertet.
(iii) Die Nutzenwerte der Betroffenen werden summiert (aggregiert), wobei alle Personen gleich stark zählen; die Option mit der größten Summe soll gewählt werden (Maximierung der Glückssumme).

Im klassischen Utilitarismus ist mit Nutzen oder Glück letztlich das subjektive Wohlbefinden der Individuen gemeint; die Werttheorie ist also, wie es im Fachjargon heißt, *hedonistisch*. Außerdem werden im klassischen Utilitarismus primär *Handlungsoptionen* auf ihren Nutzenbeitrag hin beurteilt und miteinander verglichen. Ich werde mich zunächst auf den klassischen Utilitarismus konzentrieren; auf Varianten des Utilitarismus werden wir später zu sprechen kommen.

Gerechtigkeit ist im Rahmen des klassischen Utilitarismus ein Problem. Das ist offensichtlich im Falle *distributiver* Gerechtigkeit: Ob Personen etwas zusteht, spielt im Utilitarismus – abgesehen von der allgemeinen Bedingung, dass bei der Aggregation des Glücks alle Betroffenen gleichermaßen zählen[49] – keine Rolle. Obwohl sich dies auch für die Verteilungsprinzipien Bedürfnis und Verdienst unschwer zeigen ließe,[50] will ich exemplarisch auf den anschaulichen Fall der Gleichheit eingehen: Da es im klassischen Utilitarismus nur um die Gesamtsumme an Wohlergehen geht, ist die Verteilung der Glückswerte auf die betroffenen Personen vollkommen unerheblich. Eine extrem ungleiche Verteilung des Glücks, in der einige (ohne dass es ihnen zustünde) sehr viel besser dastehen als andere, ist vorzuziehen, sofern eine größere Glückssumme erzielt wird als bei einer gleichen Verteilung an Wohlergehen: Wenn Person A zehn Glückseinheiten erhält und Person B eine, ist das aus utilitaristischer Sicht besser, als wenn beide Personen 5 Glückseinheiten haben. Daher ist es im Rahmen des Utilitarismus insbesondere auch zulässig, dass Einzelne für die größere Gesamtmenge an Wohlergehen „geopfert" werden, indem sie Leid erfahren, das durch das Wohlergehen anderer überkompensiert wird.

Es ist wichtig zu beachten, dass es bei diesen inegalitären Implikationen des Utilitarismus um Verteilungen des Wertes „Wohlergehen" geht, nicht um Güterverteilungen. Ungleichheiten bei der Verteilung von Gütern könnten aus utilitaristischer Perspektive durchaus korrekturbedürftig sein – allerdings nicht aufgrund berechtigter Ansprüche von Personen, sondern aus indirekten Gründen: Wenn das Prinzip des abnehmendem Grenznutzens für Güter gilt, würde eine ungleiche Verteilung der Güter die Gesamtsumme des Wohlergehens nicht maximieren. Denn das Prinzip des abnehmenden Grenznutzens besagt, dass der Nutzen eines Gutes abnimmt, wenn man schon über das Gut verfügt – und zwar um so stärker, je mehr man bereits davon hat (man denke zur Illustration an Nahrungsmittel). Daraus folgt, dass der Gesamtnutzengewinn größer ist, wenn man ein Gut an eine Person vergibt, die über weniger davon verfügt. Demnach sind aus utilitaristischer Perspektive Umverteilungen von oben nach unten bei solchen Gütern vorzuziehen, für die das Prinzip des abnehmenden Grenznutzens gilt.[51]

Auch im Falle *retributiver* Gerechtigkeit lassen sich Probleme für den Utilitarismus konstatieren: Ob eine Strafe verdient ist, spielt im Rahmen des Utilitarismus keine Rolle, schon weil er nur nach vorne blickt – es kann hier im Wesentlichen nur um die positiven Folgen der durch Strafe erreichten Abschreckung gehen. Dies könnte es auch durchaus gerechtfertigt erscheinen lassen, einen Unschuldigen zu bestrafen, um ein Exempel zu statuieren, sofern das zu einer insgesamt besseren Glücksbilanz führt als die Handlungsalternative, keine Strafe zu verhängen.

Auch *Wiedergutmachung* ist per se kein relevanter Gesichtspunkt in einer utilitaristischen Ethik: Der Utilitarismus schaut nicht zurück auf vergangenes Unrecht, sondern nur nach vorn auf zukünftig zu erwartende Folgen. Die Tatsache, dass den Opfern Unrecht geschehen ist, verleiht ihnen also für sich genommen keine berechtigten Ansprüche auf eine Entschädigung.

Nur indirekt können im Utilitarismus Wiedergutmachung und auch Retribution ins Spiel kommen – durch die möglichen Glückseinbußen der Opfer des Vergehens, die entstehen (könnten), wenn keine Wiedergutmachung geleistet und nicht bestraft wird. Den Opfern steht dies jedoch nicht *per se* zu; falls die durch Strafe oder Wiedergutmachung entstehenden Leidzustände anderer Personen (inklusive der Täter!) zusammengenommen größer sind als die dadurch zu erreichende Glückssteigerung der Geschädigten, fallen diese gerechtigkeitsbezogenen Maßnahmen aus.

Das Gerechtigkeitsproblem des Utilitarismus lässt sich aufgrund des Gesagten wie folgt auf den Punkt bringen: Die Frage, was Menschen als Individuen zusteht, spielt – außer in dem sehr schwachen Sinne, dass alle in der Nutzensumme gleich stark zählen – im Utilitarismus keine theoriebestimmende Rolle. Auch wenn der Utilitarismus vielleicht keinen begrifflichen Fehler begeht, wenn er gerechtigkeitsbezogene Ansprüche derart reduziert (immerhin gibt es ja gewisse Ansprüche der Individuen), erscheint es doch klar, dass die Theorie hinsichtlich dessen, was Personen zusteht, unvollständig ist.

John Stuart Mill hat nun diese Schwierigkeit der von ihm vertretenen utilitaristischen Moraltheorie gesehen und zu lösen versucht. Prinzipiell stehen einem Utilitaristen wie Mill dabei zwei Möglichkeiten offen: Zum einen kann er dafür argumentieren, dass Gerechtigkeit aus moralischer Sicht nicht so einschlägig und relevant ist, wie man gemeinhin glaubt. Zum anderen kann er zu zeigen versuchen, dass Gerechtigkeit, auch wenn es auf den ersten Blick nicht so scheint, doch mit dem Utilitarismus vereinbar oder gar auf ihn zurückführbar ist.

Mill schlägt in seiner Utilitarismus-Schrift einen Mittelweg ein: Zum einen meint er, dass Gerechtigkeit kein klarer normativer Maßstab und daher sehr angreifbar sei[52] (vgl. Mill 1863, 172 & 176); zum anderen – und vor allem – will er zeigen, dass Gerechtigkeit im Utilitarismus entgegen dem Anschein doch eine wichtige, wenn auch abgeleitete Rolle spielt. Ich werde hier nur dem zweiten Aspekt nachgehen.[53] Dazu will ich eine Paraphrase der in dieser Hinsicht wichtigen Passagen des verwickelten fünften Kapitels von „Utilitarianism" geben.

Wie schon im vorletzten Kapitel dieses Buches dargestellt wurde, meint Mill Gerechtigkeit begrifflich auf moralische Rechte zurückführen zu können. Das ist, wie wir gesehen haben, nicht gänzlich unproblematisch, aber es scheint weitgehend akzeptabel, sofern man Rechte in einem weiten Sinne (als berechtigte Ansprüche) versteht.[54]

Mill fragt im nächsten Schritt, warum Rechte eigentlich so wichtig sind. Seine Antwort lautet: Sie verschaffen ein hohes Maß an Sicherheit. Die Verletzung von Rechten – oder auch nur das Risiko einer Rechtsverletzung – machen es Menschen schwer, ohne Unsicherheit ihren Angelegenheiten nachgehen zu können (vgl. a.a.O., 160).[55]

Sicherheit ist aber eine wesentliche Bedingung für das Glück der Menschen (vgl. a.a.O., 162). Es erscheint daher auch utilitaristisch geboten, Rechte einzuführen und für ihre Einhaltung zu sorgen. Rechte sind, so Mill, sogar der Kern oder der bedeutsamste Teil der Moral (vgl. a.a.O., 176).

Im Allgemeinen ist es also für einen Utilitaristen die bessere Wahl, die Rechte von Menschen zu respektieren. Es gibt allerdings Mill zufolge Ausnahmesituationen, in denen Rechte durch Nutzenüberlegungen übertrumpft werden können, insbesondere wenn ein anerkanntes Gemeinschaftsinteresse dies erfordert (vgl. a.a.O., 189). Mill nennt als einen solchen Fall die Entführung eines Arztes, der in einer Situation, in der es um Leben und Tod geht, nicht freiwillig zur Hilfeleistung bereit ist (vgl. a.a.O., 190). Zwar werden dessen Rechte verletzt, aber der auf den Arzt ausgeübte Zwang hat in einer solchen Notlage positive Folgen, die die negativen Konsequenzen der Rechtsverletzung überwiegen. Da Gerechtigkeit (zufolge der ersten Argumentationsstrategie) ohnehin kein eindeutiger Maßstab sei, sei gegen ein solches Vorgehen jedoch nichts einzuwenden; es sei sogar so, dass wir in Fällen wie der geschilderten Entführung des Arztes gar nicht von einem ungerechten Handeln sprechen würden (vgl. ebd.).

Dieser Versuch einer Versöhnung von Gerechtigkeit und Utilitarismus ist sicherlich interessant und ambitioniert – aber überzeugt er auch?

Problematisch erscheint an Mills Argumentation mindestens Folgendes:

Zunächst einmal geht Mill davon aus, dass es zu den Rechtsansprüchen Ausnahmen gibt, die er selbst gutheißt. Das zeigt, dass es sich bei dem von ihm Hergeleiteten allenfalls um *prima facie*- oder *pro tanto*-Ansprüche handelt – also nicht wirklich um Rechte, die nach unserem Verständnis nicht nur prima facie oder pro tanto gelten.

Darüber hinaus lässt sich – entgegen Mills Behauptung – daran festhalten, dass die von ihm genannten Ausnahmen der Rechtsgeltung wie die Arztentführung klare Fälle von Ungerechtigkeit (oder vielmehr Unrecht) sind.

Hinzu kommt, dass Mill mit seiner Argumentation, die über die glücksstiftende Funktion der Sicherheit verläuft, nur Rechte im engeren Sinne erfassen kann. Ungerechte Glücksverteilungen (und überhaupt ungerechte Verteilungen) sind durch Mills Strategie nicht auszuschließen, und sie kommen nicht einmal in den Blick, da das Argument der Sicherheit oder Verlässlichkeit bei Verteilungsfragen nicht einschlägig ist, wenn die Ansprüche nicht vorher fixiert sind.

Der grundsätzlichste Einwand gegen Mills Herleitung der Rechte aus dem Utilitarismus dürfte aber der folgende sein: Die Begründung, die Mill liefert, ist falsch aufgezogen. Nicht Rechte (oder berechtigte Ansprüche) werden hergeleitet, sondern positive Folgen bereits existierender, also vorausgesetzter Ansprüche aufgezeigt. Und selbst wenn bestimmte Ansprüche auf diese Weise hergeleitet werden könnten, dann würden sie nicht aus dem Gesichtspunkt heraus entwickelt, was Personen zusteht. Damit verfehlt aber auch Mill letztlich das Phänomen der Gerechtigkeit, bei dem es ja, wie wir gesehen haben, darum geht, das den Menschen Zustehende zu bestimmen.

Wie es der üblichen Einschätzung entspricht, denke auch ich, dass es Mill nicht gelungen ist, Gerechtigkeit mit ihren wesentlichen Inhalten aus dem Utilitarismus herzuleiten. Es ist prinzipiell fraglich, ob ein derartiger Herleitungsversuch der Gerechtigkeit überhaupt Genüge tun kann, die üblicherweise nicht als nur derivativer (abgeleiteter) Anspruch angesehen wird. Für Gerechtigkeit konstitutiv sind die berechtigten Ansprüche von Individuen, und diese spielen in einer Aggregationskonzeption wie dem Utilitarismus kaum eine eigenständige und jedenfalls eine zu reduzierte Rolle.

Diese Kritik spricht allerdings, das sollte beachtet werden, nicht *per se* gegen den Utilitarismus, denn sie schließt natürlich nicht die radikale Möglichkeit aus, Gerechtigkeit für moralisch weitgehend irrelevant zu erklären.[56] Es ist aber ein großer Unterschied, ob man behauptet, dass Gerechtigkeit in der Moral letztlich keine Rolle spielt, oder ob man (wie Mill) meint, sie sei in den wesentlichen Hinsichten auf den Utilitarismus zurückführbar. Die zweite These hat sich soweit als nicht begründet erwiesen – und sie dürfte auch im Rahmen des klassischen Utilitarismus kaum begründbar sein.

4.3 Modifikationen des Utilitarismus

Nun kann man fragen, ob es nicht Möglichkeiten gibt, den klassischen Utilitarismus dahingehend zu modifizieren, dass er Gerechtigkeit in den Rahmen der Theorie integrieren kann.

Es soll hier zunächst kurz der Versuch von Bernward Gesang erwähnt werden, das Gerechtigkeitsdefizit des Utilitarismus zu umgehen, indem externe Präferenzen – und die mit ihrer Erfüllung einhergehende Befriedigung – in die utilitaristische Glücks-Aggregation einbezogen werden (vgl. Gesang 2003, 72 ff.). Mit externen Präferenzen sind Wünsche gemeint, die nicht im engeren Sinne das eigene Wohl betreffen und die unter anderem auf Gerechtigkeitsintuitionen zurückgehen können – beispielsweise der Wunsch, dass Menschen nicht aufgrund ihrer Hautfarbe diskriminiert werden. Gesang ist äußerst optimistisch, was diesbezüglich die faktischen (wenn auch aufgeklärten) Wünsche von Personen betrifft, denn er geht davon aus, dass sich, wenn man externe Präferenzen einkalkuliert, Ungerechtigkeiten nur in konstruierten Szenarien ergeben würden, nicht aber in der realen Welt. Mir ist schleierhaft, worauf sich diese Hoffnung gründet – gibt es nicht hinreichend viele unmoralische, wenn nicht gar grausame Menschen, die dem Leid anderer nicht nur indifferent gegenüberstehen, sondern sich daran sogar erfreuen? Wer sagt, dass Indifferente und Grausame zusammengenommen nur eine Minderheit darstellen?

Im Übrigen ist auch fraglich, ob man moralische Intuitionen auf eine Stufe mit „normalen" Präferenzen stellen kann; ihnen zu genügen erfüllt natürlich auch einen Wunsch, aber das ist offensichtlich nicht ihr alleiniger, ja nicht einmal ihr primärer Status: Sie drücken vielmehr moralische Überzeugungen aus, stehen also prinzipiell auf derselben Ebene wie das utilitaristische Moralprinzip – und nicht auf der Ebene des zu Aggregierenden.[57]

Betrachten wir nun eine prominentere Modifikation, die das utilitaristische Moralprinzip intakt lässt: Würde es die Möglichkeit, Gerechtigkeit in die Theorie einzubeziehen, verbessern, wenn man das Bewertungsobjekt ändert, und zwar dahingehend, dass nicht einzelne Handlungen, sondern Regeln hinsichtlich ihrer Glücksbilanz geprüft werden? Schon Mill ist einen halbherzigen Schritt in diese Richtung gegangen, indem er die Bedeutung von Regeln für die Moral betont hat. Konsequent zu Ende geführt, kommt man auf diese Weise zum *Regelutilitarismus*.

Der Regelutilitarismus – wie er hier verstanden werden soll – wendet ein zweistufiges Verfahren an: Zunächst bestimmt er für Handlungssituationen diejenige Regel, die, wenn sie etabliert wäre, die beste Glücksbilanz hätte. Die auf diese Weise ausgezeichneten Regeln werden dann als verbindlich für alle angesehen.[58]

Es ist offensichtlich, dass es im Rahmen des Regelutilitarismus prinzipiell denkbar wäre, gewisse Gerechtigkeitsgrundsätze herzuleiten: Wenn es als allgemeingültige und verbindliche Regel etwa zur Glücksmaximierung beiträgt, nach Verdienst zu bestrafen oder Güter nach Bedürftigkeit zu verteilen, wäre dies im Regelutilitarismus geboten.

Allerdings kann man bezweifeln, dass sich derartige Regeln wirklich ohne weiteres aus dem regelutilitaristischen Ansatz ergeben; dies nachzuweisen dürfte nicht einfach sein. Außerdem stellt sich die Frage, ob Regeln mit den von Mill vorgesehenen Ausnahmen nicht eine noch bessere Glücksbilanz aufweisen, da Ausnahmen es ja gestatten, situationsspezifisch (und damit auch in der Gesamtbilanz der Regelanwendung) günstigere Ergebnisse zu erzielen.

Vor allem aber scheint es im Rahmen des Utilitarismus merkwürdig, sich auch dann an eine Regel zu binden, wenn sie – wie in Mills Beispiel des Arztes – in der Situation gar nicht die besten Folgen mit sich bringt: Ist der Regelutilitarismus überhaupt eine kohärente Position? Schließlich soll es ja im Utilitarismus letztlich um die Maximierung des Gesamtglücks gehen, und es ist nicht ohne weiteres zu sehen, wie der (strikte) Regelutilitarismus diesem Kriterium genügen kann. Es scheint sich um eine Zwitterposition zu handeln, in der Utilitarismus und Gesetzesethik eine unglückliche Symbiose eingehen.

Zudem sollte man beachten, dass auch der Regelutilitarismus nicht von der Frage ausgeht, was Individuen zusteht, sondern sich die Ansprüche von Personen erst indirekt aus der Glücksbilanz ergeben. Dieses Problem, das wir schon bei Mills Einführung von Rechten konstatiert hatten, bleibt im Regelutilitarismus erhalten.[59]

Alles in allem dürfte es aus den genannten Gründen keine überzeugende Option sein, auf den Regelutilitarismus zu setzen, um Gerechtigkeitsprinzipien in die utilitaristische Moraltheorie zu integrieren.[60]

Eine radikalere Modifikation des Utilitarismus würde nicht am Bewertungsobjekt, sondern am utilitaristischen Moralprinzip selbst ansetzen. Solche Versuche sind durchaus gemacht worden, vor allem mit Blick auf Verteilungsgerechtigkeit.

Ein noch relativ harmloser Schritt bestünde darin, bei gleicher Gesamtsumme an Wohlergehen die gerechtere – gemeint ist damit meist: die näher an der Gleichheit liegende – Verteilung des Glücks vorzuziehen. Die Gerechtigkeit (sprich: Gleichheit) fungiert hier also als „tie breaker" in einer Situation, in der der unverwässerte Utilitarismus beide Optionen als gleich gut ansieht. Diesen Zusatz könnten Utilitaristen wohl akzeptieren, aber er reicht sicher nicht aus, um der Gerechtigkeit in einer moralischen Bewertung ein hinreichend starkes Gewicht zukommen zu lassen: denn wenn die Gesamtsumme an Wohlergehen in der nicht-egalitären Verteilung um einen noch so kleinen Betrag ansteigt, ist diese (ungerechte) Option wiederum vorzuziehen. Wenn beispielsweise A zehn Glückseinheiten erhält und B zwei, wäre eine Gleichverteilung mit je sechs Glückseinheiten zu präferieren. Steigt aber das Glück von A in der ersten Alternative nur um eine Zehntel Einheit an, gewinnt die inegalitäre Verteilung den Vergleich der Optionen. Damit wären auch in dieser Variation des Utilitarismus beinahe beliebige Ungleichheiten (oder auch sonstige Ungerechtigkeiten hinsichtlich der Verteilung) zulässig.

Man kann einen Schritt weiter gehen und versuchen, die Glücksmaximierung mit einem Verteilungsgesichtspunkt dergestalt zu kombinieren, dass das utilitaristische Maximierungsprinzip wirklich eingeschränkt wird, also die Verteilung nicht nur als „tie breaker" fungiert. Dies wirft aber erhebliche Probleme auf, da man nun zwei normative Prinzipien im Spiel hat – ein Vorteil des Utilitarismus ist es gerade, dass er nur ein Prinzip kennt und damit eindeutige moralische Bewertungen möglich macht. In einer hinsichtlich der Prinzipien pluralistischen Ethik müssen hingegen Verteilungen bezüglich ihres Werts (oder Unwerts) gemessen und der verteilungsbezogene Wert auf irgendeine Weise mit dem erzielbaren Gesamtnutzen in Relation gesetzt werden. Ein solches Verfahren erscheint reichlich *ad hoc*. Wird Gleichheit der Verteilung als für die Gerechtigkeit relevanter Gesichtspunkt angesehen, ist es zwar technisch möglich, ein Maß für die Verteilung anzugeben; vorgeschlagen wurde insbesondere, die Streuung der Verteilung zu messen und als relevante Verteilungsgröße anzusetzen: Je größer die Streuung, desto schlechter ist die Verteilung aus der Perspektive der Gerechtigkeit. Es ist allerdings nicht zu sehen, wie sich begründet entscheiden lassen sollte, welches Gewicht diesem Verteilungsgesichtspunkt im Verhältnis zur Erhöhung des Gesamtnutzens zukommen soll.[61]

Werden neben der Gleichheit andere Verteilungsprinzipien als für die distributive Gerechtigkeit relevant erachtet (Bedürfnis, Verdienst), ist noch nicht einmal auszumachen, wie der verteilungsbezogene Wert *selbst* quantitativ bestimmt werden soll.

Ähnliche Probleme zeigen sich auch bei einem sehr ambitionierten Versuch, Utilitarismus und Gerechtigkeitsintuitionen zu kombinieren, der an dieser Stelle zumindest erwähnt werden soll: dem sogenannten „Gerechtigkeitsutilitarismus" von Rainer Trapp. Dieser versucht nicht nur Gleichheit (über die Nutzenstreuung) zu berücksichtigen, sondern darüber hinaus auch Verdienstgesichtspunkte: Im Falle des Verdienstes werden Interessen hinsichtlich ihrer (graduellen) Berücksichtigungswürdigkeit unterschieden. Es gelingt Trapp, diese heterogenen Aspekte in einer einheitlichen Sozialwahl-Formel zu vereinigen – aber diese Formel enthält Variablen für die Gewichtung der jeweiligen Aspekte, die von den Akteuren gemäß ihrer moralischen Einstellung und je nach Situation mit (unterschiedlichen) Werten belegt werden müssen (vgl. Trapp 1988, 14).[62] Eine begründete Abwägung von Gerechtigkeit und Nutzensteigerung, die über *ad hoc*-Entscheidungen hinausgeht, wird also auch hier nicht in Angriff genommen.

Lässt sich eine systematischere Modifikation des Nutzenmaximierungsprinzips entwickeln, die den (oder zumindest einer der) zentralen gerechtigkeitsbezogenen Intuitionen entgegenkommt? Besonders anstößig erscheinen aus der Perspektive der Gerechtigkeit Fälle, in denen nach utilitaristischer Doktrin diejenigen, die ohnehin schon (unverschuldet) sehr schlecht dran sind, noch schlechter gestellt werden müssten, weil Bessergestellte dadurch eine überproportionale Glückssteigerung erreichen können.

An diesem Problem – und nicht bei Ungleichheit der Glücksverteilung *per se* – setzt ein interessanter Vorschlag von Derek Parfit an, sein sogenannter „priority view" (Parfit 2000). Der Sache nach weicht Parfit vom utilitaristischen Teilprinzip (iii) ab, die besten Folgen als Maximierung der (simplen) Nutzensumme zu verstehen.[63] Er geht vielmehr davon aus, dass mögliche Steigerungen des Wohlergehens derjenigen, denen es (absolut gesehen) schlecht geht, moralisch stärker gewichtet werden sollten als mögliche Glücksgewinne derjenigen, denen es schon recht gut geht. Auf diese Weise lässt sich eine entsprechend gewichtete Summe der Glückswerte bilden, die so groß wie möglich ausfallen soll (vgl. Parfit

2000, 95 ff.). Zur Illustration kann ein Beispiel dienen, das Parfit von Thomas Nagel übernimmt: Eine auf dem Land ansässige Familie hat zwei Kinder, von denen eines ein Handicap hat, das andere nicht. Auch wenn das gesunde Kind vom Umzug in die Stadt stärker profitieren würde als das Kind mit dem Handicap an Lebensqualität verlieren würde, lässt sich mit Parfits stärkerer Gewichtung der Anliegen des schlechtgestellten Kindes dafür argumentieren, dass die Familie auf dem Land wohnen bleiben sollte.

Im Rahmen der parfitianischen Moralkonzeption lässt es sich unter Umständen umgehen, dass Notleidende für das Glück anderer „geopfert" werden müssen, indem sie in ihrem schlechten Zustand belassen oder gar noch schlechter gestellt werden. Die Prioritätsauffassung berücksichtigt Bedürftigkeit zusätzlich und dadurch in stärkerem Maße als der Utilitarismus. Allerdings genießen die Anliegen der Schlechtgestellten auch bei Parfit keinen absoluten Vorrang, denn die stärker gewichteten Glückssteigerungen der Bedürftigen können offensichtlich durch hinreichend große Wohlergehensgewinne der Bessergestellten übertrumpft werden (vgl. a.a.O., 96) – und auch durch hinreichend große Zahlen von Bessergestellten, die nur ein wenig an Glück gewinnen, denn es wird ja weiterhin addiert.[64] Am Beispiel der Kinder: Wenn die möglichen Verbesserungen für das gesunde Kind sehr groß ausfallen oder wenn eine größere Anzahl gesunder Kinder vorhanden wäre, die vom Umzug in die Stadt profitieren würden, bleibt der Vorrang für das Kind mit dem Handicap nicht erhalten.

Offenbar sichert Parfits Vorschlag selbst in dem Fall absoluter Schlechtstellung, den er anvisiert, nicht Gerechtigkeit im üblichen Sinne[65] – aber zentrale Fälle von Ungerechtigkeit werden im Vergleich zum Utilitarismus erheblich abgemildert. Zu diskutieren wäre, ob man mit einem solchen Kompromissvorschlag leben kann. Doch diese Frage stellt sich erst gegen Ende des Buches, wenn es um die Relevanz der Gerechtigkeit geht (vgl. Kapitel 12). Gerechtigkeit wird jedenfalls auch durch Parfits Modifikation nicht vollständig eingefangen: Abgesehen davon, dass die Anliegen der Bedürftigen übertrumpft werden können und keine Gleichheit des Wohlergehens angestrebt wird, fehlt hinsichtlich der Verteilungsgerechtigkeit der Verdienstgesichtspunkt. Andere Typen der Gerechtigkeit, insbesondere Wiedergutmachung und gerechte Strafe, werden durch Parfits Vorschlag ebenfalls nicht erfasst. Es ist auch nicht recht zu sehen, dass solche Aspekte der Gerechtigkeit nach einem ähnlichen Muster in einen modifizierten Utilitarismus integriert werden könnten.

Zu erwähnen ist abschließend noch eine weitere Möglichkeit, den Utilitarismus zu modifizieren: Man könnte an der Werttheorie (Axiologie) ansetzen und versuchen, in diese neben dem Wohlergehen gerechtigkeitsbezogene Aspekte einzuschreiben. Ein solcher Vorschlag erscheint mir aber wenig plausibel: Um die Werttheorie hinreichend nah an der utilitaristischen Grundidee zu belassen, dürfen nur Gesichtspunkte vorkommen, die das (intrinsisch) gute Leben der Betroffenen ausmachen. Man kann nun darüber diskutieren, ob neben (oder statt) hedonischen Zuständen Präferenzerfüllung oder objektive(re) Bestandteile eines guten Lebens dazugehören – aber Elemente der Gerechtigkeit gehören sicher nicht in diese Klasse.[66]

Somit lässt sich konstatieren, dass auch gängige Modifikationen des Utilitarismus Gerechtigkeit nicht adäquat erfassen können.

5 Gerechtigkeit in der kantischen Ethik

Im letzten Kapitel haben wir uns über Gerechtigkeit im Utilitarismus verständigt. Der Utilitarismus hat offenbar nicht nur, aber vor allem mit distributiver Gerechtigkeit Schwierigkeiten, denn er interessiert sich gar nicht für die Verteilung von Glück oder Leid auf die Individuen, sondern nur für die Gesamtsumme des Wohlergehens aller Betroffenen. Berechtigte Ansprüche von Personen, die über die gleiche Berücksichtigung in der Glücksbilanz hinausgehen (also Ansprüche, die sich auf Verdienst, substantielle Gleichheit oder Bedürfnis gründen), haben hier keinen Platz. Dies kann sogar dazu führen, dass innerhalb der Moralkonzeption des Utilitarismus Einzelne für das Gesamtwohl geopfert werden, wenn ihr Leid durch das Glück anderer überkompensiert wird.

Wir haben gesehen, wie Mill auf dieses Problem reagiert. Seine Idee ist, zumindest wichtige Rechte von Individuen dadurch abzusichern, dass man auf deren starken Beitrag zum Glück verweist: Rechte verschaffen Sicherheit und sollten daher durch entsprechende Regeln garantiert werden. Dieser Vorschlag überzeugt aber nur bedingt. Zum einen ist nicht klar, ob die glücksmaximierenden Regeln wirklich mit einschlägigen Gerechtigkeitsprinzipien konform gehen. Und zum anderen gibt Mill selbst zu, dass Rechte außer Kraft gesetzt werden müssen, sofern die Glücksbilanz bei Beachtung der Rechte in einer Ausnahmesituation nicht optimal ausfällt. Gerechtigkeit (im Sinne von Rechten) wird auf diese Weise also nicht garantiert. Zudem ist, wie gezeigt wurde, die Herleitung der Rechte bei Mill merkwürdig aufgezogen, da nicht von den berechtigten Ansprüchen der Individuen ausgegangen wird.

Eine Möglichkeit, innerhalb des utilitaristischen Rahmens die Rolle von gerechtigkeitsbezogenen Regeln zu stärken, besteht darin, sie als vollständig verbindlich auszuweisen. Diese Option wird vom Regelutilitarismus ergriffen: In dieser Theorievariante werden nicht einzelne Handlungen bewertet, sondern Regeln daraufhin geprüft, ob sie bei allgemeiner Befolgung die größte Gesamtmenge an Glück erzeugen. Das Glücksmaximierungsprinzip wird also auf Regeln angewandt. Die ausgewiesenen Regeln sind dann von allen einzuhalten. Auf diese Weise kann man das bei Mill auftretende Problem der zu geringen Verbindlichkeit von Regeln umgehen. Die andere Schwierigkeit aber bleibt bestehen: Es ist nicht klar, ob die regelutilitaristisch begründeten Regeln mit den einschlägigen Gerechtigkeitsprinzipien deckungsgleich sind. Hinzu kommt, dass nicht zu sehen ist, warum man sich als Utilitarist an eine Regel binden soll, wenn sie situativ gar nicht zum maximalen Gesamtglück führt. Regeln mit Ausnahmen haben offenbar eine bessere Glücksbilanz, und dann ist Gerechtigkeit nicht gesichert.

Um Gerechtigkeit wirklich einzubeziehen, muss man den Utilitarismus modifizieren und eine Mischtheorie vertreten. Es ist aber nicht klar, wie eine überzeugende, systematische Theorie aussehen soll, die Glücksmaximierung und Gerechtigkeit in ein angemessenes Verhältnis setzt. Was man mit Parfits Vorschlag noch relativ überzeugend in den utilitaristischen Theorierahmen integrieren kann, ist ein (allerdings nicht absolut verstandener) Vorrang für eine Glückssteigerung der schlecht gestellten Personen. Andere Aspekte der Gerechtigkeit lassen sich aber kaum überzeugend mit einer utilitaristischen Sichtweise verbinden.

Eine Integration der Gerechtigkeit in die utilitaristische Theorie scheint also nicht zu gelingen. Ein Vertreter des Utilitarismus kann natürlich gegen die moralische Relevanz der Gerechtigkeit argumentieren. Ob und inwieweit Gerechtigkeit im Stellenwert eingeschränkt werden sollte, ist aber eine eigene und schwer zu beantwortende Frage, der wir uns im vorletzten Kapitel dieses Bandes widmen werden.

5.1 Gerechtigkeit in Kants Ethik

Wir wenden uns nun Kant und von ihm inspirierten Moralkonzeptionen zu. Die kantische Ethik ist der dritte und letzte zu besprechende große Theorieentwurf innerhalb der Moralphilosophie. Obwohl Kants Perspektive auf die Moral der Gerechtigkeit durchaus entgegenkommt, findet sich bei ihm erstaunlich wenig Explizites zu diesem Themenkomplex. In den moralphilosophischen Schriften kommt Gerechtigkeit nicht wirklich vor – mit einer signifikanten Ausnahme: Kant geht davon aus, dass aus Gründen der Gerechtigkeit (genau) die moralisch Guten glücklich sein sollten, weil sie und nur sie es verdient hätten (vgl. Kant 1788, 110 ff.[67]). Eine solche Beziehung zwischen moralischem Verdienst und persönlichem Glück könne aber der Mensch nicht herstellen oder gar garantieren. Nur Gott wäre dazu in der Lage. Aus diesem Grund fällt das Gerechtigkeitsprinzip, moralischen Wert mit Glück zu entlohnen, aus der Moral im engeren Sinne heraus und wird bei Kant in den religionsphilosophischen Kontext verschoben (vgl. Kant 1788, 124 ff.).

Für die von Menschen realisierbare Gerechtigkeit, die uns in diesem Buch interessiert, gilt hingegen, dass Kant sie nicht in der Moralphilosophie ansiedelt, da er sie sehr eng mit dem (juridischen) Recht verknüpft. Er diskutiert „irdische" Gerechtigkeit daher nicht in der Tugendlehre, sondern exklusiv in der Rechtslehre der „Metaphysik der Sitten", in der es vor allem um das Rechtssystem eines legitimen Staates geht. Da Kant nur einen Minimalstaat vorsieht, der Freiheits- und Eigentumsrechte sichern soll, stellt sich für ihn die Frage der Verteilungsgerechtigkeit in unserem heutigen Sinne nicht. Angesprochen werden vielmehr „kommutative Gerechtigkeit", die aus freiwilligen, nicht durch Dritte beeinflussten Transaktionen zwischen Subjekten im Naturzustand besteht (vgl. Kant 1797,

297 ff.),[68] und ein entsprechend geregelter Verkehr zwischen Menschen im öffentlich-rechtlichen Folgezustand; letzterer (und nur dieser) heißt bei Kant bezeichnenderweise „distributive Gerechtigkeit" (vgl. Kant 1797, 302).[69]

Eine wichtige Rolle spielt in der „Rechtslehre" jedoch selbstverständlich die Strafgerechtigkeit. Zur gerechten Strafe hat Kant nun eine sehr eindeutige (aber schwach begründete) Position: Er vertritt im Abschnitt „Vom Straf- und Begnadigungsrecht" der Rechtslehre eine radikale Vergeltungstheorie, die dem Prinzip „Auge um Auge, Zahn um Zahn" folgt – Gleiches soll, dem *ius talionis* entsprechend, mit Gleichem vergolten werden (vgl. a.a.O., 332). Vorgesehen ist beispielsweise die Todesstrafe für das Delikt des Mordes (vgl. a.a.O., 333).

Für seine Ansicht zur Straf*rechtfertigung* gibt Kant zumindest eine Begründung: Strafe dürfe nicht zur Abschreckung oder anderen Zwecken dienen, weil das den Menschen (in diesem Fall den Straftäter) instrumentalisieren würde (vgl. a.a.O., 331) – ein Gedanke, der der Zweckformel des Kategorischen Imperativs folgt, die wir in diesem Abschnitt noch besprechen werden. Unter dieser Voraussetzung bleibt offenbar nur der Verdienstgedanke als Strafbegründung übrig.[70] Allerdings folgt aus der Strafrechtfertigung noch nichts über das Straf*maß*. Inwiefern das Prinzip, Gleiches mit Gleichem zu vergelten, aus Kants normativer Theorie folgen soll, bleibt schleierhaft – Kant setzt offenbar einfach voraus, dass das Ausmaß einer gerechten Strafe nur in der „Wiedervergeltung" bestehen kann.[71]

Wenn man sich von Kants offenbar unvollständigen und auch nicht befriedigenden expliziten Äußerungen zur Gerechtigkeit löst, kann man fragen, was aus seiner Moralkonzeption implizit an Gerechtigkeitsprinzipien folgt. Diese Implikationen aufzudecken soll im Folgenden versucht werden.

Kants inhaltliche (normative) Moraltheorie besteht im Wesentlichen aus einem obersten Moralprinzip, dem *Kategorischen Imperativ*, der allerdings in mehreren Varianten formuliert wird. Schauen wir uns die beiden Hauptvarianten des Kategorischen Imperativs an und prüfen, welche Folgerungen sich aus ihnen für Fragen der Gerechtigkeit ergeben würden.

Die sogenannte *Grundformel* des Kategorischen Imperativs besagt, dass man nur nach Prinzipien handeln soll, deren allgemeine Befolgung man selbst wollen könnte.[72] Dies erinnert hinsichtlich der universellen Geltung von Prinzipien in gewisser Weise an den Regelutilitarismus – allerdings mit dem durchaus gravierenden Unterschied, dass als Kriterium für deren Akzeptanz nicht die Glücksmaximierung dient, sondern das individuelle Wollenkönnen.

Es ist zu erwarten, dass sich aus diesem obersten Moralprinzip gerechtigkeitsbezogene Regeln herleiten lassen. Insbesondere verbietet es die Grundformel des Kategorischen Imperativs, sich selbst von Normen freizustellen, deren

Einhaltung durch andere man will – und das ist klarerweise ein (allerdings eher formales) Gerechtigkeitsgebot.

Kann man aus der Grundformel des Kategorischen Imperativs mehr Gerechtigkeitsprinzipien eindeutig ableiten? Das erscheint nicht klar, denn wollen kann man prinzipiell sehr Unterschiedliches. Denken wir zur Illustration an ein Problem der Verteilungsgerechtigkeit: Ist es einer Person nicht ebenso möglich zu wollen, dass Güter nach Verdienst verteilt werden, wie es einer anderen Person wünschenswert erscheint, dass Bedürfnisse über die Zuteilung von Gütern entscheiden? Und zeigt dieses Beispiel nicht sogar, dass (unter anderem) die abweichenden Gerechtigkeitsvorstellungen der Akteure in die Beurteilung der Wünschbarkeit von Regelungen eingehen? Wenn das zutrifft, dann könnte der Kategorische Imperativ in der Grundformel nicht über Fragen der Verteilungsgerechtigkeit entscheiden. Es müsste zumindest mehr darüber gesagt werden, wie Wünschbarkeit oder Wollenkönnen qualifiziert sind, um zu spezifischen Aussagen hinsichtlich der Gerechtigkeit beispielsweise von Verteilungen gelangen zu können.

Die andere wichtige Variante des Kategorischen Imperativs – und die hinsichtlich der Gerechtigkeit interessantere – ist die sogenannte *Zweckformel*. Sie besagt, dass man andere[73] Menschen nicht nur als Mittel gebrauchen darf, sondern sie auch als Zweck behandeln muss.[74] Mit der eigentümlichen Wendung „als Zweck behandeln" meint Kant, dass man die Zustimmung der von der Handlung Betroffenen einholen muss und deren Ziele möglichst befördern sollte. Das wird aus seiner Diskussion von einschlägigen Beispielen deutlich, in der er diese Formulierungen benutzt (vgl. Kant 1785, 430).

Kant behauptet zwar, diese Variante des Kategorischen Imperativs sei letztlich mit der Grundformel identisch – doch das dürfte schon deshalb nicht zutreffen, weil der Gesichtspunkt der Verallgemeinerung eigener Vorhaben in der Zweckformel vollständig fehlt. Einen Zusammenhang scheint es dennoch zu geben: In der Anwendung der Grundformel vollziehe ich gedanklich einen Rollentausch vom Handelnden zum Betroffenen der Handlung und frage, ob ich mit meinem Vorhaben auch dann noch einverstanden wäre, wenn ich von der Handlung passiv betroffen wäre; in der Zweckformel werden die anderen direkt gefragt.[75]

Die Zweckformel ist besonders geeignet, individuelle Ansprüche herzuleiten, denn die Betroffenen einer Handlung erhalten hier so etwas wie ein Vetorecht: Sind sie mit der Vorgehensweise nicht einverstanden, ist die Handlung ausgeschlossen. Damit wird durch den Kategorischen Imperativ in der Zweckformel zunächst einmal zum Ausdruck gebracht, dass es um *Individuen* und ihre Ansprüche geht – ein Gedanke, der in die aristotelische Tugendethik als Zusatz eingeschleust wird und mit dem Mills Utilitarismus erhebliche Probleme hat. Die Ansprüche von Individuen – das, was ihnen zusteht – sind es aber, die die

Gerechtigkeitsperspektive konstituieren. Das meinte ich, als ich zu Anfang dieses Abschnitts sagte, Kants Ethik käme der Gerechtigkeit besonders entgegen.

Allerdings liegt in den aufgezeigten Individualansprüchen auch ein offensichtliches Problem der Zweckformel des Kategorischen Imperativs: Ein Vetorecht jedes Einzelnen erscheint klarerweise zu stark – nicht nur *berechtigte* Ansprüche von Personen (das, was ihnen zusteht) blockieren Handlungsoptionen, sondern prinzipiell beliebige ihrer Wünsche. Halten wir uns zur Illustration wieder ein Problem der Verteilungsgerechtigkeit vor Augen: Wenn ein potentieller Empfänger nicht damit einverstanden ist, dass Güter nach Verdienst verteilt werden, fällt das Verdienstprinzip als Regelung aus; ist ein anderer Empfänger mit einer Verteilung nach Bedürfnis nicht zufrieden, wird auch diese Option blockiert.

Der Idee nach sollen sich die berechtigten Ansprüche wohl aus der Anwendung des Kategorischen Imperativs ergeben, aber das leistet Kants Moralprinzip auch in der Zweckformel nicht: Es ist vollkommen unklar, wie die Anliegen verschiedener Personen in diesem Rahmen miteinander verglichen und gewichtet werden sollen. Zum relativen Gewicht von Ansprüchen muss aber eine Aussage getroffen werden, denn oft kann man es nicht allen recht machen.[76] Vermutlich meinte Kant, dass solche Konflikte aus der Perspektive einer beliebigen Person entschieden werden müssten und dass vernünftige Personen sich weitgehend einig wären (so Tugendhat 1993, 83). Die unterstellte Einigkeit erscheint aber keineswegs selbstverständlich – auch vernünftige Personen können unterschiedlicher Meinung darüber sein, welche Anliegen vorrangig sind. Es mag zwar moralisch fragwürdig sein, wenn ein Bessergestellter eine Verteilung nach Bedürftigkeit ablehnt, aber unvernünftig ist es im üblichen Verständnis sicher nicht.[77] Die Perspektive einer beliebigen Person ist meines Erachtens kein Entscheidungskriterium, sondern nicht viel mehr als eine Leerformel.

Es sollte erwähnt werden, dass John Rawls, der sich als Kantianer verstand, einen auf den Kategorischen Imperativ anwendbaren Vorschlag unterbreitet hat, der die Bewertung von Regelungen durch die Betroffenen vereinheitlichen sollte: Um den Bezug auf die spezifischen Vorlieben und die Ausgangslage der Betroffenen zu eliminieren, schlug er vor, diejenigen, die über eine Regelung entscheiden sollen, (hypothetisch) hinter einen „Schleier des Nichtwissens" zu versetzen. Dieser Schleier verdeckt die Ausgangspositionen, also natürliche Ausstattung und soziale Stellung sowie die besonderen Neigungen (vgl. Rawls 1975, 159 ff.).

Bis zu einem gewissen Grad würde dieser Vorschlag sicher helfen, die Unklarheiten in der Anwendung des kantischen Moralprinzips zu beseitigen. Insbesondere wäre es nicht mehr möglich, nur deshalb gegen eine Verteilung nach Bedürfnis zu optieren, weil man selbst zu den Bessergestellten gehört, oder für ein Verdienstprinzip zu plädieren, weil man davon profitiert. Allerdings bin ich nicht überzeugt, dass die rawlsianische Beschränkung der Entscheidungsbasis reicht, um zu eindeutigen Ergebnissen zu gelangen – auch hinter dem Schleier des Nichtwissens können sich Konflikte über die angemessenen Gerechtigkeits-prinzipien ergeben. Rawls gelingt es letztlich nur, zu eindeutigen Resultaten zu gelangen, indem er erhebliche Zusatzannahmen über die Motivation der Ent-scheidungsträger macht, deren Status unklar ist.[78]

5.2 Scanlons Version eines kantischen Moralprinzips

Kants Moralprinzip, der Kategorische Imperativ, hat sich hinsichtlich der Ent-scheidung über Gerechtigkeitsprobleme als unvollständig erwiesen. Die Frage ist, ob sich eine kantische Sicht der Moral vervollständigen lässt. Als Problem hat sich insbesondere herausgestellt, dass die in der Zweckformel des Kategorischen Imperativs vorgesehenen Einsprüche gegen eine Regelung gleichrangig erschei-nen. Erforderlich ist offenbar eine (objektiv nachvollziehbare) Gewichtung ver-schiedener Anliegen, die bei der Lösung von Konfliktsituationen helfen soll. Aus dieser Priorisierung ließe sich dann ableiten, was Personen zusteht, so dass die Frage nach der Gerechtigkeit zu beantworten wäre.

Einen interessanten Vorschlag dazu, der durchaus der kantischen Zweck-formel des Kategorischen Imperativs folgt, hat Thomas Scanlon in seinem Werk „What we owe to each other" gemacht. Ich will die Idee kurz skizzieren: Scanlon prüft allgemeine Regelungen und geht davon aus, dass die Zurückweisung einer Regelung durch eine Person dann (und nur dann) ausschlaggebend ist, wenn die Bürde, die die Regelung für sie bedeuten würde, gravierender ist als die Bürde, die eine alternative Regelung für andere Personen mit sich brächte (vgl. Scanlon 1998, 195). Scanlon verbindet diesen Vorschlag mit dem Gedanken der vernünf-tigen Zustimmung (der dadurch zugleich expliziert wird): Die Vernünftigkeit der Zurückweisung einer Regelung hängt vom Gewicht der entstehenden Bürden für die Personen ab. Zu wählen ist demnach diejenige Regelungsoption, gegen die niemand (in diesem Sinne) vernünftig Einspruch erheben kann (vgl. a.a.O., 191).

Scanlons Vorschlag nimmt offenbar den Gedanken der Zweckformel des Kategorischen Imperativs auf und entwickelt ihn weiter.[79] Dies zeigt sich vor allem daran, dass in Scanlons Moralkonzeption ein Element erhalten bleibt, welches diese Theorie fundamental vom Utilitarismus unterscheidet: Es ist keine Aggregation (also Verrechnung) der Anliegen oder Bürden verschiedener Perso-nen zugelassen, sondern es wird nach je individueller Zustimmung gefragt. Die weniger gewichtigen Einsprüche vieler Personen können demnach einen gewich-tigeren Einspruch einer einzelnen Person in der moralischen Beurteilung nicht überwiegen (vgl. a.a.O., 229 f.). Dies kommt offenbar dem üblichen Verständnis von Gerechtigkeit entgegen, dass jeder das erhalten soll, was ihm (als Einzelperson) zusteht.

Es ist aber natürlich nicht gesagt, dass die von Scanlon vorgesehene Einspruchsmöglichkeit jedes Einzelnen aus moralischer Sicht letztlich wirklich überzeugt – vielleicht blockieren auf diese Weise die Anliegen einer Einzelperson in ungebührlicher Weise die Möglichkeit, etwas zugunsten vieler anderer Personen zu tun. Damit stünde dann jedoch meines Erachtens die Relevanz von Gerechtigkeit insgesamt zur Debatte, nicht ein spezieller Vorschlag zur Gerechtigkeit.[80]

An dieser Stelle muss jedoch geklärt werden, ob Scanlons Vorschlag genügend Substanz bietet, um berechtigte Ansprüche von Personen herleiten und zwischen den Einsprüchen von Individuen im Konfliktfall entscheiden zu können. Man sollte dafür der Frage nachgehen, was sich aus Scanlons Version einer kantischen Ethik im Hinblick auf die Gerechtigkeit inhaltlich ableiten lässt. Eine Gerechtigkeitskonzeption zu entwickeln ist nicht Scanlons Anliegen, daher muss man selbst über solche Implikationen nachdenken. Dazu würde ich folgendes vermuten:

Zunächst einmal werden in Scanlons Moralkonzeption – im Unterschied zum Utilitarismus – starke Individualrechte ableitbar sein.[81]

Zum zweiten werden für gerechte Verteilungen in Scanlons Sinne Bedürfnisse eine wesentliche Rolle spielen – denn bei unerfüllten Bedürfnissen handelt es sich offenbar um gewichtige Bürden, die andere Bürden oft überwiegen (vgl. a.a.O., 207 sowie deutlicher 215). Bedürfnisse werden möglicherweise sogar prinzipiell Vorrang vor anderen Anliegen haben.[82]

Es sollte allerdings erwähnt werden, dass Scanlons Zustimmungsforderung kaum durchzuhalten ist, falls absolute Knappheit herrscht, also nicht alle Bedürfnisse befriedigt werden können: Da in einer solchen Situation immer eine Person gegen die Verteilungsoption stimmen wird, die sie nicht saturiert, und die Bürden gleich gewichtig sind, lässt sich keine Regelung angeben, die Scanlons Kriterium genügt.[83]

Es ist außerdem anzunehmen, dass Verdienstgesichtspunkte bei der gerechten Verteilung eine gewisse Rolle spielen würden, insoweit es ein Verdienst gibt und sofern es eine Bürde darstellt, wenn Verdienste (im speziellen Sinne) nicht entgolten werden. Allerdings wird, so ist zu vermuten, Verdienst sich gegenüber Bedürfnissen im Konfliktfall kaum durchsetzen können.

Im Falle der retributiven Gerechtigkeit ist es hingegen eher unklar, zu welchen Ergebnissen man mit Scanlons Prinzip kommt. Die kantische Auffassung der Strafe als Vergeltung ist vor diesem Hintergrund sicher nicht zwingend. Wenn man Kants Position dennoch stützen wollte, müsste man argumentieren, dass besonders gewichtige Belastungen der Opfer von Straftaten im Spiel sind, die Priorität gegenüber anderen Bürden haben – das ist aber nicht unbedingt überzeugend.[84]

Dass im Rahmen von Scanlons Theorie eine Wiedergutmachung geleistet werden muss, scheint hingegen klar: Sofern Rechte verletzt wurden, sind die Bürden der Geschädigten, die entstünden, wenn keine Wiedergutmachung stattfände, allein ausschlaggebend.

Auch wenn sich also begründete Vermutungen darüber anstellen lassen, welche Gerechtigkeitsprinzipien sich aus Scanlons Konzeption ergeben würden, ist es dennoch recht offensichtlich, dass eine erhebliche Vagheit hinsichtlich der Ergebnisse einer Anwendung von Scanlons Moralprinzip besteht. Der Grund dafür ist, dass das Gewicht von Bürden kein sehr klarer Maßstab ist; die Einschätzungen dazu beruhen (auch bei Scanlon) auf Intuitionen.

Darüber hinaus muss man beachten, dass Scanlon mit „Bürden" nicht nur negative Effekte für das Wohlergehen von Individuen meint: explizit werden von ihm auch moralisch imprägnierte Zurückweisungsgründe zugelassen, wie etwa der, dass die durch eine Regelung entstehenden Belastungen unfair sind (vgl. Scanlon 1998, 212). Scanlon sagt sogar, dass für die Anwendung seines Prinzips ein „framework of entitlements" (a.a.O., 214) vorausgesetzt werden muss. Sein Moralprinzip ist also unvollständig, insofern es vortheoretische moralische (und nicht nur axiologische) Intuitionen in Anspruch nimmt.

Aus demselben Grund ist noch nicht einmal klar, ob bei der Beurteilung der Dringlichkeit von Einsprüchen oder Bürden nicht bereits Gerechtigkeitsprinzipien vorausgesetzt sind: Bewerten wir vielleicht die Bedürfnisse von Personen nur deshalb als besonders dringlich, weil wir dem Bedarfsprinzip der Verteilungsgerechtigkeit ein starkes Gewicht beimessen? In diesem Fall wäre Scanlons kantische Theorie allenfalls ein Versuch, solche Gerechtigkeitsintuitionen zu systematisieren. Aus moraltheoretischer Sicht wünschenswert ist es hingegen, dass sich aus der Anwendung des modifizierten kantischen Moralprinzips allererst ergibt, welche berechtigten Ansprüche Personen haben. Ob Scanlons Prinzip einem solchen Desiderat aber genügt, ist fraglich, da die Gewichtung konkurrierender Anliegen nicht ausgeführt wird – und Scanlon selbst erhebt den Anspruch offenbar (wie gesehen) auch gar nicht. Es scheint daher so, als würde man – wie schon im Falle von Kant – auch durch den modifizierten Kategorischen Imperativ auf die Ausgangsfrage zurückgeworfen, was Personen zusteht, anstatt dass die Frage durch ihn beantwortet wird.

Ziehen wir ein kurzes Fazit: Eine kantische Gerechtigkeitskonzeption lässt sich in groben Umrissen ausmachen, und sie ist eine interessante Option, denn sie kommt unserem intuitiven Gerechtigkeitsverständnis entgegen. Im Unterschied zur Tugendethik stehen die Empfänger und nicht die Handelnden im Mittelpunkt, und im Unterschied zum Utilitarismus werden die Ansprüche von Individuen in den Fokus gerückt und nicht eine summative oder aggregative Größe.

Allerdings wird durch die in der Zweckformel des Kategorischen Imperativs angelegte Idee eines Vetos ein erhebliches Gewicht auf die Ansprüche von Individuen gelegt. Es ist fraglich, ob man mit dem vollständigen Verbot einer Aufrechnung (Aggregierung) von Anliegen leben kann oder will. Dies könnte aber bereits eine Kritik an der Gerechtigkeit selbst sein.

Außerdem ist zu bezweifeln, dass sich berechtigte Ansprüche aus dem (modifizierten) Kategorischen Imperativ herleiten lassen. Die Bedenken auch gegenüber der für unser Thema vielversprechenden kantischen Moraltheorie legen es nahe, statt Gerechtigkeit im Rahmen einer Globaltheorie nebenbei abhandeln zu wollen die Perspektive der Gerechtigkeit direkt ins Auge zu fassen. Dies werden wir in den folgenden Kapiteln des Buches tun.

6 Ausgleichende Gerechtigkeit

Wir haben im letzten Kapitel den ersten thematischen Teil des Buches mit Überlegungen zur kantischen Ethik abgeschlossen. In diesem Themenblock wurden die wichtigsten Typen von (normativen) Moraltheorien daraufhin geprüft, welche Rolle Gerechtigkeit in ihnen jeweils spielt und ob sie Erhellendes zur Gerechtigkeit zu sagen haben.

Die wesentlichen Ergebnisse waren folgende: Die Tugendethik kann im Rahmen ihres Programms, das dem Habitus des Akteurs das Primat einräumt und von dort ausgehend die Ethik entwickeln will, Gerechtigkeit nicht selbständig herleiten. Um zu erklären, worin Gerechtigkeit besteht, muss man vielmehr die Empfänger in den Fokus rücken und klären, was ihnen zusteht. Dass ein Akteur gerecht ist, ergibt sich nur derivativ und kann nicht der primäre Gegenstand der Untersuchung sein.

In der utilitaristischen Ethik wiederum lässt sich Gerechtigkeit inhaltlich nicht gut unterbringen. Der Utilitarismus interessiert sich insbesondere nicht für Verteilungen des Glücks (sowie auch nicht für retrospektive Ansprüche) und damit nicht für das, was Personen substantiell, also über Gleichberücksichtigung hinaus zusteht. Erhebliche Ungerechtigkeiten werden dadurch im Rahmen des Utilitarismus möglich, wenn nicht gar unvermeidlich. Modifikationen des Utilitarismus, die Gerechtigkeit in die Theorie integrieren sollen, sind nicht überzeugend (Regelutilitarismus) oder *ad hoc* (Rescher), oder sie erfassen Gerechtigkeit nicht vollständig (Parfit).

Kants Ethik kommt der Gerechtigkeit insofern entgegen, als sie Ansprüche von Individuen vorsieht; dies drückt sich deutlich in der Zweckformel des Kategorischen Imperativs aus, die eine Art Vetoprinzip darstellt. Aber die Zweckformel ist als Handlungsanleitung in Konfliktsituationen unvollständig und liefert kein Kriterium dafür, was Personen letztlich zusteht. Scanlons Ergänzung dahingehend, das Ausmaß der Bürden einzubeziehen und daran die Relevanz (und somit die Vernünftigkeit) der Zurückweisung von Regelungen festzumachen, geht in die richtige Richtung, bleibt aber vage und setzt womöglich bereits Urteile über Gerechtigkeitsprinzipien voraus.

Angesichts dieser Schwächen der etablierten Theorien müssen wir uns direkt an die inhaltliche Klärung der Gerechtigkeit machen. Wir werden uns dafür in den nächsten Kapiteln über die drei zentralen Typen von Gerechtigkeit verständigen. Die ersten beiden, ausgleichende Gerechtigkeit und Tauschgerechtigkeit, sollen relativ kurz in jeweils einem Kapitel abgehandelt werden; distributive Gerechtigkeit, die nach heutiger Auffassung bei weitem der wichtigste Typus ist, werden wir ausführlicher behandeln. Dieses Kapitel beginnt mit der ausgleichenden oder korrektiven Gerechtigkeit, die (wie wir gesehen haben) in Aristoteles' Schema kein von der Tauschgerechtigkeit klar abgegrenzter Typus ist.

6.1 Was ist ausgleichende Gerechtigkeit?

Ausgleichende oder korrektive Gerechtigkeit setzt offenbar voraus, dass etwas Unrechtmäßiges geschehen ist. Daran zeigt sich, dass diese Unterart der Gerechtigkeit nur unter nicht-idealen Bedingungen relevant wird. Im Grunde müsste der Vollständigkeit halber zunächst einmal geklärt werden, welche Handlung oder welches Geschehen als unrechtmäßig zu gelten hat. Das werde ich allerdings hier nicht tun (dafür würde eine ausgearbeitete und vollständige ethische Theorie benötigt), sondern vielmehr voraussetzen, dass eine Antwort auf diese Frage bereits gegeben wurde.

Die Tatsache, dass für die Einschlägigkeit der ausgleichenden Gerechtigkeit eine Unrechtmäßigkeit vorliegen muss, unterscheidet diesen Gerechtigkeitstypus signifikant von den anderen beiden Arten der Gerechtigkeit, für die dies offenkundig nicht gilt. Das legt es bereits nahe, sie als einen eigenständigen Typus von Gerechtigkeit anzusehen (genaueres dazu unten).

Wenn ein Unrecht begangen wurde, stellen sich genau genommen zwei Fragen, die mit Gerechtigkeit in Verbindung stehen:
- Wie würde eine (gerechte) Wiedergutmachung des zugefügten Schadens aussehen?
- Worin bestünde eine gerechte Strafe für das begangene Unrecht?

Ausgleichende Gerechtigkeit zerfällt demnach in zwei Teilbereiche: *Wiedergutmachung* und *Strafgerechtigkeit*.

Bevor wir auf diese beiden Unterthemen zu sprechen kommen, sollten wir uns kurz vergewissern, dass die vorgenommene Aufteilung der Gerechtigkeitsprobleme soweit tatsächlich adäquat ist. Wir hatten ja im dritten Kapitel (Abschnitt 3.3) gesehen, dass Aristoteles andere Zuordnungen vornimmt: Strafgerechtigkeit wird bei ihm gar nicht (oder allenfalls am Rande) behandelt, und Wiedergutmachung fasst er mit Tauschgerechtigkeit zusammen.[85]

Das Zusammenziehen von Wiedergutmachung und Tauschgerechtigkeit wird bei Aristoteles zunächst damit begründet, dass es sich sowohl bei einem Tausch als auch bei einem Vergehen um eine Interaktion zwischen Personen handelt – im einen Falle um eine freiwillige, im anderen Falle um eine unfreiwillige Transaktion. Dass es in beiden Fällen um eine Art von Interaktion geht, ist nun sicher nicht strittig. Dennoch könnten sich die beiden Transaktionen (vor allem hinsichtlich der Gerechtigkeit) signifikant unterscheiden, so dass eine Zusammenfassung der Gerechtigkeitstypen inadäquat erscheint.[86]

Aristoteles meint hingegen, und das ist der andere Grund für die von ihm vorgenommene Zuordnung, dass Wiedergutmachung und Tausch vom selben Gerechtigkeitsprinzip reguliert werden: von arithmetischer Gleichheit, die im einen Falle hinsichtlich der getauschten Güter, im anderen Falle hinsichtlich der zu leistenden Wiedergutmachung einschlägig sei. Auch diese Überlegung erscheint mir jedoch wenig überzeugend, denn bei der Wiedergutmachung geht es im Unterschied zum gerechten Tausch nicht wirklich darum, eine (arithmetische) Gleichheit herzustellen – was soll hier gleich gemacht werden? Grob gesprochen ist das Ziel der Wiedergutmachung vielmehr, den Zustand wiederherzustellen, der bestanden hatte, bevor das Unrecht begangen wurde (vgl. dazu genauer den folgenden Abschnitt).

Aristoteles' Zusammenführung von Wiedergutmachung und Tauschgerechtigkeit ist also nicht überzeugend; beide sollten als Gerechtigkeitstypen voneinander abgehoben werden. Dass die bei Aristoteles fehlende Strafgerechtigkeit mit der Wiedergutmachung in eine Oberkategorie (ausgleichende oder korrektive Gerechtigkeit) zusammengefasst werden sollte, wird hingegen durch die Gemeinsamkeit des vorausgegangenen Unrechts, auf das die Gerechtigkeitsfragen jeweils Bezug nehmen, nahe gelegt.[87] Dies dürfte genügen, um die hier vorgenommene Aufteilung der Gerechtigkeitstypen zu begründen.

6.2 Wiedergutmachung

Schauen wir uns die beiden Untertypen von ausgleichender oder korrektiver Gerechtigkeit an und überlegen, was sich dazu prinzipiell herausfinden lässt. Beginnen möchte ich zunächst mit der Wiedergutmachung.

Wiedergutmachung scheint verglichen mit der gerechten Strafe das leichter zu lösende Gerechtigkeitsproblem zu sein; denn ist es nicht offensichtlich, dass die vom Schädiger zu fordernde (gerechte) Wiedergutmachung im Wesentlichen darin besteht, den Zustand wiederherzustellen, der vor dem Unrecht bestanden hat? Das scheint es zu sein, was dem Geschädigten zusteht. Weniger an Wiedergutmachung vom Schädiger zu verlangen wäre ungerecht gegenüber dem Geschädigten (ihm steht mehr zu), mehr zu verlangen erschiene hingegen ungerecht gegenüber dem Schädiger (es steht dem Geschädigten nicht zu). Machen wir uns dies an einfachen Beispielen klar: Wenn ich einer Person Geld stehle, muss ich es zurückgeben – und zwar den Betrag, den ich entnommen habe. Wenn ich mutwillig fremdes Eigentum zerstöre, muss ich den zerstörten Gegenstand (genauer: einen ihm gleichenden) wiederbeschaffen und dem Geschädigten aushändigen – offensichtlich eine Wiederherstellung des ursprünglichen Zustandes.

Möglicherweise muss man dieses Prinzip leicht korrigieren, sofern es sich um Geld oder um Gegenstände handelt, aus denen der Geschädigte nach dem Zeitpunkt, zu dem das Unrecht stattgefunden hat, einen Nutzen hätte ziehen können (beziehungsweise sofern ein Schaden dadurch entstanden ist, dass er über den Gegenstand nicht verfügt hat): Wenn ich einer Person Geld entwende, das zum Sparen gedacht war, und die Wiedergutmachung zeitlich deutlich später erfolgt, müsste ich über den entwendeten Geldbetrag hinaus wohl auch die Zinsen ersetzen, die der Person entgangen sind. Wenn ich einer Person ihr Auto stehle, reicht es nicht, es ihr später zurückzugeben, sofern sie in der mittlerweile verstrichenen Zeit ein Leihfahrzeug oder ein Taxi bezahlen musste – auch diese durch mein Vergehen entstandenen Unkosten wären offenbar von mir zu erstatten. Daher sollte das Wiedergutmachungsprinzip genauer wie folgt formuliert werden: Es ist der Zustand herzustellen, der zum Zeitpunkt der Wiedergutmachung eingetreten wäre, sofern das Unrecht nicht stattgefunden hätte.[88]

Diese prinzipielle Klarheit und Einfachheit hinsichtlich der Wiedergutmachung besteht allerdings offensichtlich nicht in allen Fällen eines begangenen Unrechts. Eine Komplikation ergibt sich bereits bei Eigentumsdelikten, sofern der fragliche Gegenstand nicht mehr vorhanden ist und auch nicht ein ihm gleichendes Objekt beschafft werden kann, beispielsweise wenn gestohlenes Gut an unbekannt verkauft wurde und es nicht mehr im Handel erhältlich ist. Sofern es nur um den Sachwert des Gegenstandes geht, ist das Problem vielleicht dadurch behebbar, dass der Wert des Gegenstandes bestimmt und ein äquivalenter Geldbetrag gezahlt werden kann. Aber Eigentum könnte natürlich auch einen „ideellen" Wert besitzen, insofern ein Gegenstand eine besondere (persönliche) Bedeutung für den Eigentümer hat – auf welche Weise soll dieser Wert kompensiert werden?[89]

Noch problematischer wird es offenbar im Falle anderer Delikte, die nicht das Eigentum an Gegenständen betreffen: Wird eine Person getötet, lässt sich der Ausgangszustand vor der Schädigung nicht wiederherstellen beziehungsweise der Zustand, der ohne Unrecht eingetreten wäre, nicht realisieren.[90] Wird eine Person verletzt oder anderweitig körperlich geschädigt, kann vielleicht der Ausgangszustand insofern wiederhergestellt werden, als sie geheilt werden kann. Nicht aus der Welt schaffen lassen sich aber die erlittenen Schmerzen und Beeinträchtigungen, und folglich lässt sich auch nicht der Zustand herstellen, der eingetreten wäre, wenn das Unrecht nicht begangen worden wäre. Wir sehen in solchen Fällen Schmerzensgeld als eine Art Kompensation vor. Das ist vielleicht das Bestmögliche, was man hinsichtlich eines Ausgleichs tun kann – doch die Höhe des Schmerzensgeldes erscheint hinreichend willkürlich. Welcher Geldbetrag kompensiert beispielsweise die durch eine gebrochene Rippe entstandenen Schmerzen?

Ich will noch einige zusätzliche Komplikationen nennen, die im Rahmen dieser Monographie nicht beantwortet werden können, die aber eine ausführliche Spezialdiskussion verdienten:

Neben den direkt Geschädigten kann es auch leidtragende Dritte – vor allem Angehörige – geben, die möglicherweise ebenfalls einen berechtigten Anspruch auf Wiedergutmachung geltend machen können. Diese Schwierigkeit habe ich oben der Einfachheit halber außer Acht gelassen.

Es scheint zudem, als müsste man, um den Ausgangszustand wiederherzustellen (beziehungsweise den Zustand, der eingetreten wäre, wenn das Unrecht nicht begangen worden wäre), auch an die psychischen Schäden denken, die dem Opfer eines Unrechts entstanden sind. Gewaltdelikte können Traumata auslösen, die eine erhebliche Belastung darstellen. Auch diese Schäden waren vor dem Unrecht nicht vorhanden oder wären nicht eingetreten, wenn es das Delikt nicht gegeben hätte. Es ist auch hier schwierig zu bestimmen, worin eine geeignete Wiedergutmachung bestünde – man kann die psychischen Belastungen ja nicht rückgängig machen. Vielleicht geht es in diesem Fall weniger um einen materiellen oder finanziellen Ausgleich als vielmehr um Entschuldigungen, Aussöhnung und andere eher symbolische Formen des Ausgleichs. In dieser Hinsicht lassen sich vermutlich nur schwer allgemeine Prinzipien der Gerechtigkeit (im Sinne von Wiedergutmachung) aufstellen.[91]

Wiedergutmachung ist außerdem wohl nicht nur bei genuinem Unrechttun gefordert, sondern auch in Fällen, in denen die Schädigung nicht auf ein intendiertes Verhalten (also eine potentielle Straftat) zurückgeht. Mindestens Fahrlässigkeit dürfte ebenfalls Kompensationsansprüche begründen – wenn auch vielleicht nicht exakt dieselben.

Im Falle eines fahrlässigen Verhaltens lässt sich zumindest noch sagen, dass dem Schädiger eine Verantwortung zugeschrieben werden kann – er hätte sorgfältiger sein können und müssen. Lässt sich der gerechtigkeitsbezogene Anspruch der Geschädigten aber noch weiter ausdehnen, beispielsweise in Richtung reiner Produkthaftung? Ich denke, solche Ansprüche fallen nicht mehr unter Gerechtigkeit, sondern müssten anders begründet werden; aber das wäre ebenfalls in einer Detailstudie zu untersuchen.

Wir waren im Übrigen implizit davon ausgegangen, dass der Schädiger die Wiedergutmachung zu leisten hat. Das erscheint grundsätzlich aus Gründen der Gerechtigkeit auch plausibel – der Schädiger profitiert in einer Weise, die ihm nicht zusteht. Wie stellt sich die Situation aber dar, wenn der Schädiger die Wiedergutmachung nicht leisten kann, etwa weil er zahlungsunfähig ist – steht der Ausgleich dem Geschädigten dennoch zu? Und wer müsste in diesem Falle einspringen, wem gegenüber besteht der Anspruch? Womöglich gegenüber Gemeinschaft? Ich glaube nicht, dass das aus der Perspektive der Gerechtigkeit zutrifft (wenn auch vielleicht aus anderen Gründen), aber dies wäre ebenfalls zu prüfen.

Zusammenfassend lässt sich konstatieren, dass Wiedergutmachung den Opfern von intendiert begangenem Unrecht, aber wohl auch von Fahrlässigkeit prinzipiell zusteht. Das leitende Prinzip für die (gerechte) Wiedergutmachung lässt sich leicht angeben: Es muss der Zustand (wieder)hergestellt werden, der ohne das Unrecht Bestand (gehabt) hätte. In der Praxis ist es aber offensichtlich sehr schwierig, wenn nicht manchmal gar unmöglich, diesem Grundsatz zu genügen. Nur in sehr einfachen Fällen ist die Umsetzung des Wiedergutmachungsprinzips im Wortsinne möglich; in vielen anderen Situationen lassen sich offenbar nur mehr oder weniger angemessene Surrogate für einen Ausgleich finden, die in der konkreten Ausgestaltung schwer zu bestimmen und zu begründen sein dürften – und die für die Opfer wohl auch nicht immer zufriedenstellend sind.

6.3 Strafgerechtigkeit

Strafgerechtigkeit ist der in der Literatur deutlich stärker beachtete Untertypus von ausgleichender oder korrektiver Gerechtigkeit.[92] Hierzu ließe sich viel sagen; ich beschränke mich in diesem Rahmen auf einige Bemerkungen, die mir besonders wichtig erscheinen.

Zunächst einmal gilt es hinsichtlich der Strafgerechtigkeit noch einmal zwei Fragen auseinander zu halten: die Frage nach der Strafbegründung generell sowie die Frage nach dem Strafmaß. Beide sollen im Folgenden betrachtet werden.

Eine *Strafrechtfertigung* lässt sich auf unterschiedliche Weise geben: Zum einen kann man auf den Verdienstgesichtspunkt verweisen – gestraft werden soll, weil der Täter es verdient. Zum anderen kann man auf die abschreckende Wirkung der Strafe abstellen: Gestraft werden soll, um den Täter selbst oder andere Personen von einer Wiederholung der Straftat abzuhalten (Individualprävention beziehungsweise Generalprävention). Und zum dritten wird in jüngerer Zeit auf Resozialisierung abgehoben: Der Straftäter soll durch geeignete Maßnahmen in die Gemeinschaft zurückgeführt werden.

Zu diesen Strafrechtfertigungen möchte ich folgendes bemerken: Resozialisierung scheint genau genommen keine Strafe zu sein, da das Ziel ja darin besteht, auch dem Täter etwas Gutes zu tun; hier wird nicht Strafe gerechtfertigt, sondern eigentlich Strafe durch etwas anderes (mit einer dafür geeigneten Begründung) ersetzt.[93] Das spricht natürlich nicht gegen Resozialisierungsmaßnahmen, aber gegen ihre Einordnung als Strafe – und offenbar auch dagegen, dass es bei Resozialisierung um Strafgerechtigkeit, ja überhaupt um Gerechtigkeit geht: Warum und in welchem Sinne sollte es dem Straftäter zustehen, wiedereingegliedert zu werden?

Abschreckung ist hingegen eine durchaus plausible Rechtfertigung für Strafe. Aber handelt es sich hierbei um eine gerechtigkeitsbezogene Begründung? Das vermag ich nicht zu sehen, denn es geht nicht darum, dass die Strafe dem Täter zusteht, sondern um positive Folgen einer Bestrafung für die Gesellschaft. Offenbar ist der Gedanke der Abschreckungsstrafe nahe am Utilitarismus (oder verwandten Moraltheorien) angesiedelt und teilt die Probleme, die diese Moralkonzeption mit der Gerechtigkeit hat. Das zeigt sich unter anderem deutlich daran, dass man aus reinen Abschreckungsgründen prinzipiell auch Unschuldige bestrafen könnte, sofern dies der Generalprävention dienlich wäre.[94]

Als gerechtigkeitsbezogene Strafrechtfertigung bliebe demnach nur der Verdienstgedanke: Bestraft werden soll, weil und sofern der Täter es verdient. Dies ist die übliche Auffassung hinsichtlich einer gerechten Strafe (vgl. Kants Überlegungen in Abschnitt 5.1), und sie liegt schon aufgrund der Verwendung des Verdienstbegriffs nahe, der die Gerechtigkeitsperspektive konstituiert.[95] Dennoch erscheint mir eine solche Position problematisch. Verdient es der Täter, bestraft zu werden? Wäre es ungerecht, ihn nicht zu bestrafen? Wem gegenüber würde eine Ungerechtigkeit vorliegen? Wie man sich leicht klarmachen kann, handelt es sich jedenfalls nicht um eine Ungerechtigkeit gegenüber dem Täter in dem üblichen Sinne, dass es ungerecht ist, ihm etwas vorzuenthalten, worauf er einen berechtigten Anspruch hat. Die Rede davon, dass ihm die Strafe zusteht, ist problematisch – es ist ja nicht so, dass der Täter Anspruch auf Strafe erhebt und dieser Anspruch nicht erfüllt wird.[96]

Vermutlich steht im Hintergrund der durchaus verbreiteten Redeweise, der Täter habe die Strafe verdient, eine Art kosmisches Ausgleichsdenken – Gutes soll mit Gutem, Böses mit Bösem vergolten werden. Jedenfalls der zweite Teil dieses Gedankens erscheint unter heutigen Bedingungen (sogar moralisch) problematisch, da er sich sehr nahe an Rachegelüsten bewegt. In jedem Fall aber setzt er eine andere Interpretation von Zustehen voraus als diejenige, die auf die Anliegen von Personen bezogen ist; es ist ja (wie gesagt) nicht so, dass der Täter einen Anspruch auf Strafe erhebt und sie ihm in diesem Sinne zusteht.

George Sher – der durchaus sieht, dass man nicht ohne weiteres sagen kann, Strafe stünde dem Täter zu – versucht, den Gedanken einer verdienten Strafe so zu explizieren, dass der Täter sich mehr verschafft hat als ihm zusteht (er hat sich unter anderem Freiheiten herausgenommen, die andere nicht haben); dieses

Zuviel wird dem Täter durch die Strafe wieder genommen (vgl. Sher 1989, 76 ff.).[97] Aber abgesehen davon, dass dies wohl nicht mit dem vertrauten Diktum gemeint ist, der Täter verdiene die Strafe: Leistet das Geforderte nicht bereits die Wiedergutmachung, die für einen entsprechenden Ausgleich sorgt und die noch dazu jemandem zugutekommt? Wieso muss der Täter noch zusätzlich bestraft werden, um Gerechtigkeit herzustellen? Sher meint, dass durch die Rechtsverletzung auch die Gemeinschaft geschädigt wird, die bei Fragen der Wiedergutmachung nicht im Fokus war. Das scheint mir aber ein sehr weiter, wenn nicht sogar nur metaphorischer Sinn von Schädigung zu sein, der kaum ausreichen dürfte, Strafe zu begründen.[98]

Man kann den Vergeltungsgedanken nur dadurch mit berechtigten Ansprüchen in Verbindung bringen, dass man davon ausgeht, es stehe den *Opfern* zu, dass der Täter bestraft wird.[99] Aber steht die Bestrafung des Täters den Opfern tatsächlich zu, und nicht nur eine Wiedergutmachung? Das erscheint mir zumindest fraglich. Vielleicht kann man die Strafe unter gewissen Umständen als eine Art Wiedergutmachung an den Opfern ansehen – doch was haben die Opfer davon? Ein Gewinn kann die Bestrafung für sie offenbar nur dann sein, wenn sie aus dem Leid des Täters eine Genugtuung ziehen. Ob man eine solche (vielleicht durchaus menschliche) Haltung durch das Strafrecht unterstützen sollte, dürfte strittig sein.

Ich bin eher skeptisch, dass die Perspektive der Gerechtigkeit tatsächlich eine überzeugende Strafrechtfertigung abgibt. Meines Erachtens ist die beste Begründung für Strafe nicht gerechtigkeitsbezogen, sondern verläuft vielmehr über die positiven Folgen ihrer abschreckenden Wirkung. Gerechtigkeit hätte dann immer noch eine wichtige Funktion – allerdings nicht die, das Verhängen von Strafen zu begründen, sondern nur die, ihre Anwendung einzuschränken: Denn einen Unschuldigen zu bestrafen, selbst wenn es eine abschreckende Wirkung hätte, ist ungerecht,[100] weil der Person etwas genommen wird, was ihr zusteht (in der Regel ihre Freiheit), und *diese* Ungerechtigkeit erscheint kaum tolerierbar.[101]

Darüber hinaus dürfte das folgende spezielle Gerechtigkeitsprinzip gelten: Wenn entschieden worden ist, dass für ein Vergehen gestraft wird, dann sollten alle Täter bestraft werden – denn es wäre ungerecht gegenüber den Bestraften, wenn andere, die dasselbe Delikt begangen haben, ungestraft davonkämen.

Das *Strafmaß* lässt sich prinzipiell ebenfalls entweder auf Verdienst beziehen oder nach der Abschreckungswirkung bestimmen.[102] Man muss allerdings Strafrechtfertigung und Strafmaß, selbst wenn es nahe liegt, nicht an denselben Gesichtspunkt knüpfen. Es wäre auch denkbar, eine Position zu vertreten, die vorsieht, dass gestraft wird, weil es der Abschreckung dient, die aber so viel an Strafe zumisst, wie es der Täter verdient hat (und umgekehrt).

Aufgrund der bereits angestellten Überlegungen würde ich jedoch wiederum sagen: Abschreckung ist, auch wenn man aus anderen (etwa utilitaristischen) Gründen für sie eintreten kann, kein Gesichtspunkt der Gerechtigkeit. Dies gilt auch hinsichtlich des Strafmaßes: Vielleicht müsste, damit eine abschreckende Wirkung erzielt wird, ein kleines Delikt wie beispielsweise Ladendiebstahl drakonischer bestraft werden als gravierendere Delikte, und das erscheint ungerecht.

Demnach bliebe wiederum nur der Verdienstgesichtspunkt als Kandidat für ein gerechtes Strafmaß. Wenn man sich (aus welchen Gründen auch immer) für eine Bestrafung entschieden hat, dann liegt es sicherlich nahe zu fragen, ob die Strafzumessung in dem Sinne gerecht ist, dass sie der Tat entspricht. Allerdings ist nicht sonderlich klar, worin die verdiente Strafe für ein Vergehen, also das angemessene Verhältnis besteht: Soll die Strafe dem Vergehen proportional sein? Dieser Gedanke ist oft vertreten worden (vgl. Kant in Abschnitt 5.1), und sie wurde nicht selten mit dem aristotelischen Prinzip der proportionalen Gleichheit in Verbindung gebracht. Eine solche Beziehung besteht aber nur scheinbar, denn es geht bei einem proportionalen Strafmaß nicht wie bei Aristoteles darum, dass das Verhältnis zwischen zwei Tätern (beziehungsweise ihren Taten) und ihren Strafen gleich sein soll, sondern Strafe und Tat sollen in irgendeiner Weise proportional sein. Wenn man dem überhaupt einen Sinn abgewinnen kann, dann klingt es nach dem Vergeltungsprinzip des *ius talionis*, Gleiches mit Gleichem zu vergelten, also etwa Mord mit Todesstrafe. Aber ist das wirklich das gerechte Strafmaß? Wem steht es zu, dass so drakonisch gestraft wird? Und wenn man das verdiente Strafmaß nicht als Vergeltung verstehen will: wie – nach welchem Gesichtspunkt – soll es dann bestimmt werden?

Ich würde auch hinsichtlich des Strafmaßes vermuten, dass Gerechtigkeit nur eine einschränkende (und daher eingeschränkte) Funktion hat: Ungerecht wäre es, kleinere Vergehen genau so stark oder gar stärker zu bestrafen als gravierende Vergehen – denn dies würde die Verhältnismäßigkeit zwischen den Tätern (ihrer Tat) und den ihnen zugefügten Übeln verletzen. Der Großkriminelle sollte nicht besser, sondern schlechter wegkommen als der Kleinkriminelle. Im Unterschied zur Proportionalität von Vergehen und Strafe ist dies tatsächlich eine sinngemäße Anwendung der aristotelischen Proportionalitätsidee.

Für die Bestimmung des Strafmaßes liegt es meines Erachtens nahe, die optimale abschreckende Wirkung anzustreben[103] unter der Nebenbedingung, dass – aus Gerechtigkeitsgründen – kleinere Vergehen nicht stärker bestraft werden dürfen als größere.[104]

Wenn ich mit meinen Überlegungen richtig liege, ist die Rolle, die Gerechtigkeit im Falle der Strafe spielt, zwar durchaus wichtig, aber erheblich stärker eingeschränkt als oft angenommen wird: Gerechtigkeit liefert eher keine überzeugende

Strafbegründung, und sie gibt auch für sich genommen kein geeignetes Strafmaß an. Vielmehr setzt sie beschränkende Bedingungen dafür, wem gegenüber eine Strafe verhängt werden darf, und sie schränkt das Verhältnis der Strafbemessung für unterschiedlich gravierende Delikte ein.

7 Tauschgerechtigkeit

Im letzten Kapitel haben wir uns über ausgleichende oder korrektive Gerechtigkeit verständigt. Als wichtigste Ergebnisse haben sich in der kurzen Erörterung die folgenden herausgestellt:

Ausgleichende Gerechtigkeit wird – anders als die anderen Spielarten der Gerechtigkeit – nur relevant, wenn etwas Unrechtmäßiges geschehen ist. Es müssen zudem zwei Teilaspekte der ausgleichenden Gerechtigkeit unterschieden werden.

Als ein erster, in der Debatte oft vernachlässigter Bereich der korrektiven Gerechtigkeit ist die Wiedergutmachung anzusehen. Im Prinzip ist schnell ersichtlich, worum es im Falle der Wiedergutmachung geht: Der Zustand, der für den Geschädigten bestanden hätte, wenn nichts Unrechtmäßiges geschehen wäre, soll durch den Täter oder Verursacher möglichst (wieder)hergestellt werden. Diesem Prinzip im Wortsinne zu folgen ist allerdings nur in sehr einfachen Fällen möglich (beispielsweise bei Eigentumsdelikten, wenn der Gegenstand wiederbeschafft werden kann). Ansonsten muss ein Surrogat gefunden werden. Was dabei als angemessene Wiedergutmachung gelten kann, ist auf der Theorieebene kaum zu bestimmen; oft wird es sich um finanzielle Kompensationen handeln, gelegentlich aber auch um andere, eher symbolische Formen eines Ausgleichs.

Der zweite wichtige – und in der Literatur deutlich ausführlicher diskutierte – Bereich der korrektiven Gerechtigkeit ist die Strafgerechtigkeit. Hier hatte ich einige Zweifel angemeldet, ob Gerechtigkeit im Rahmen einer Strafbegründung überhaupt ein geeigneter Gesichtspunkt ist. Die Rede davon, dass dem Täter die Strafe zusteht, ist problematisch, sofern man nicht eine kosmische Ordnung annimmt, in der Schlechtes mit Schlechtem vergolten werden soll, sondern davon ausgeht, dass es um Ansprüche von Individuen geht: Der Täter erhebt in aller Regel keinen Anspruch auf Bestrafung. Wenn die Strafe im Sinne eines berechtigten Anspruchs überhaupt jemandem zustehen könnte, dann den Opfern eines Unrechts. Ob es allerdings so ist, dass die Geschädigten über eine Wiedergutmachung hinaus einen Anspruch auf Bestrafung des Täters haben, ist mindestens fraglich. Plausibler erscheint es mir, dass Strafe über die nicht auf Gerechtigkeit bezogene Abschreckung begründet werden müsste und Strafgerechtigkeit dabei nur eine einschränkende Funktion hat: Unschuldige dürfen nicht bestraft werden, und alle Täter müssen bestraft werden.

Ähnliches gilt für das Strafmaß. Das aristotelische Gerechtigkeitsprinzip der proportionalen Gleichheit legt entgegen dem Anschein kein absolutes Strafmaß fest, sondern nur ein relatives: Kleinere Vergehen dürfen nicht härter bestraft werden als größere. Hinsichtlich des Strafmaßes handelt es sich also wiederum nur um eine einschränkende Bedingung, die vom Gesichtspunkt der Gerechtigkeit bestimmt wird. Da das (gerechtigkeitsbezogene) Vergeltungsprinzip kaum überzeugt, liegt es auch hier nahe, das absolute Maß der Bestrafung daran festzumachen, wie viel Strafe zur Abschreckung nötig ist, und es damit – bis auf die genannte Nebenbedingung – von korrektiver Gerechtigkeit zu lösen.

7.1 Tauschgerechtigkeit als eigener Typus der Gerechtigkeit

Wie wir gesehen haben, ist Tauschgerechtigkeit bei Aristoteles ein Topos.[105] Wenn man auf die zeitgenössische Gerechtigkeitsdiskussion schaut, kommt sie allerdings als eigener Typus kaum noch vor – die Diskussion beschränkt sich in der Regel auf die beiden Bereiche korrektive Gerechtigkeit (dabei vor allem auf Strafgerechtigkeit) und Verteilungsgerechtigkeit.[106] Ich möchte in diesem Kapitel daher vor allem prüfen, ob es in der Sache angemessen ist, Tauschgerechtigkeit zu verabschieden, oder ob sich hier doch – wie in der vorneuzeitlichen Diskussion angenommen wurde – ein interessanter eigenständiger Typus der Gerechtigkeit abzeichnet.

Vorab eine kurze Bemerkung zum Tauschbegriff: Bei einem Tausch handelt es sich nicht um wechselseitige Geschenke, die offenbar keine Fragen der Gerechtigkeit aufwerfen, sondern um Leistungen (seien es Güter, seien es Tätigkeiten), für die man eine Gegenleistung erwartet.[107] Letzteres ist insofern konstitutiv für den Tausch, als die Leistung nicht erbracht werden würde, wenn zu erwarten wäre, dass eine Gegenleistung nicht erfolgt oder erfolgen wird.

Dass sich bei Tauschprozessen Gerechtigkeitsprobleme grundsätzlich stellen, kann man kaum von der Hand weisen: Wenn eine Partei in einem Tausch zu wenig erhält (wenn sie also, wie man umgangssprachlich sagt, „übers Ohr gehauen wird"), bekommt sie weniger als ihr zusteht, also einen ungerecht kleinen Betrag – und die andere Partei enthält entsprechend einen ungerecht großen Betrag, der ihr wiederum nicht zusteht. Es kann also nicht an der mangelnden Einschlägigkeit der Gerechtigkeit für Tauschprozesse liegen, dass Tauschgerechtigkeit heute in den Hintergrund gerückt ist.

Zum anderen erscheint es durchaus angemessen, wenn nicht gar notwendig, Tauschgerechtigkeit von Verteilungsgerechtigkeit zu unterscheiden.[108] Ein Tauschvorgang hebt sich von einem Verteilungsvorgang dadurch ab, dass zwei Parteien eine Leistung sowie eine Gegenleistung erbringen und nicht etwa eine Instanz zu verteilende Güter nach Gerechtigkeitskriterien an Empfänger vergibt.[109] Die zu beantwortende Frage lautet im Falle der Tauschgerechtigkeit also nicht, ob potentielle Empfänger im Verhältnis zueinander eine angemessene Menge an Gütern zugeteilt bekommen (oder bekommen haben), sondern ob die Leistung und die Gegenleistung in einem angemessenen Verhältnis zueinander stehen. Dies hatte schon Aristoteles richtig erkannt. Dass Tauschgerechtigkeit mittlerweile wenig thematisiert wird, kann demzufolge auch nicht daran liegen, dass sie sich auf Verteilungsgerechtigkeit zurückführen lässt.

Aristoteles scheint mir ebenfalls damit richtig zu liegen, dass prinzipiell leicht ersichtlich ist, worin Tauschgerechtigkeit bestehen würde: Die getauschten Güter – oder auch Dienstleistung und Entlohnung – sollen äquivalent sein, also (in etwa) den gleichen Wert haben. Es lässt sich folglich im Falle der Tauschgerechtigkeit ein eigenständiges Gerechtigkeitsprinzip angeben, das sich von den Kandidaten für distributive Gerechtigkeit (Verdienst, Bedürfnis, Gleichverteilung) unterscheidet und das – wie schon im letzten Kapitel ersichtlich wurde – auch nicht mit dem Ausgleichsprinzip der Wiedergutmachung verwechselt werden darf. Dies legt es ebenfalls nahe, Tauschgerechtigkeit als eigenständigen Typus der Gerechtigkeit anzusehen und zu thematisieren.

7.2 Probleme der Tauschgerechtigkeit

Warum ist trotz der aufgeführten Befunde, die für Tauschgerechtigkeit sprechen (Einschlägigkeit der Gerechtigkeit, Eigenständigkeit des Gerechtigkeits-Typus und eigenes inhaltliches Prinzip), die kommutative Gerechtigkeit mittlerweile so weit in den Hintergrund getreten?

Dafür wesentlich verantwortlich dürfte folgendes Problem sein: Es ist kaum ersichtlich, woran sich der (relative) Wert von Gütern und Dienstleistungen bemessen soll, den man kennen muss, um das einschlägige Gerechtigkeitsprinzip der arithmetischen Gleichheit, also Wertgleichheit, auf einen Tauschvorgang anwenden zu können.

Überprüfen wir diese kritische These zunächst für den Bereich des Tausches von *Gütern*. Ersichtlich ist, dass ein direkter Vergleich des Wertes der Güter, die für einen einfachen Tauschvorgang (Naturalientausch) vorgesehen sind, kaum möglich ist: Wenn Eier gegen ein Rind getauscht werden sollen, wird man sich vergeblich eine objektive Antwort auf die Frage erhoffen, wie viele Eier ein Rind tatsächlich wert ist.

Nun findet ein Tausch in aller Regel nicht mehr zwischen Naturalien statt, sondern es werden Güter über das Medium des Geldes gehandelt.[110] Dadurch wird die Frage nach dem gerechten Tausch in das spezifische Problem des gerechten Preises überführt.

Man kann nun fragen, ob das Geld nicht nur ein geeignetes Tauschmedium darstellt, sondern darüber hinaus auch einen Vergleichsmaßstab für den relativen Wert von Gütern liefert. Dazu lässt sich folgendes bemerken: Sicherlich fällen wir im Alltag Urteile der Art, dass der Preis für ein käufliches Produkt zu hoch, das Produkt also überteuert ist. Sofern mit einem solchen Urteil mehr gemeint ist als nur die Behauptung, dass das gleiche Produkt anderswo günstiger zu erstehen ist (die sich überprüfen lässt), dürften solche Einschätzungen jedoch einigermaßen vage und vor allem höchst subjektiv sein. Jedenfalls sehe ich mich nicht in der Lage zu bestimmen, wie viel das Essen in einem Restaurant, das Buch, das ich in Händen halte, oder die Musik-CD, die ich gerade gehört habe, „wirklich" in Geld ausgedrückt wert sind – und ich glaube auch nicht, dass irgendeine andere Person dazu imstande ist. Dies gilt nicht nur für den absoluten Wert eines Gutes, sondern auch für dessen Wert im Vergleich zu anderen Gütern.

Ich will damit nicht ausschließen, dass es in vormodernen Gesellschaften recht klare und einheitliche Vorstellungen darüber gegeben hat, wie viel ein Gut tatsächlich (absolut oder relativ gesehen) wert ist, und dass sich an dieser Einschätzung auch ein gerechter Preis halbwegs eindeutig festmachen ließ.[111] Allerdings dürfte es sich dabei um konventionelle Maßstäbe gehandelt haben, die sich nicht aus neutraler Perspektive begründen lassen und die auch nicht auf andere Gesellschaften übertragen werden können – auf heutige Tausch- und Kaufverhältnisse anwendbar sind solche Maßstäbe jedenfalls sicher nicht. Diese vermutete Differenz zwischen modernem und vormodernem Tausch dürfte eine partielle Erklärung dafür sein, weshalb Tauschgerechtigkeit in früherer Zeit eine wichtige Rolle gespielt hat, während sie heutzutage in den Hintergrund getreten ist.

Der meines Wissens einzige ernsthafte Versuch, eine objektive Basis für die Wertbestimmung von Gütern anzugeben, findet sich in der „klassischen" Ökonomie: Der (Tausch-)Wert eines Produkts, so wurde behauptet, ist der durchschnittlich notwendigen Arbeit äquivalent, die in dessen Herstellung investiert werden muss.[112] Diese Auffassung ist aber durchaus problematisch. Zunächst einmal wird der rein ökonomische Wert von Gütern offenbar nicht deren gesamten, für einen gerechten Tausch relevanten Wert ausmachen.[113] Abgesehen davon lassen sich gegen die Arbeitswerttheorie auch interne Einwände erheben. Zum einen ist die investierte Arbeit nicht alles, was den ökonomischen Wert eines Produktes bestimmt – es gehen zumindest auch Rohstoffe und Materialien ein, deren Wert wiederum nicht nur durch die in sie investierte Arbeit festgelegt ist: Der Wert eines Diamanten bemisst sich nicht nur daran, wie aufwendig es ist, ihn zu finden; selbst wenn er ohne Mühe vom Boden aufgelesen werden könnte, wäre ein Diamant nach wie vor wertvoll. Zum anderen ist unklar, was genau hinsichtlich der Arbeit für die Wertbestimmung relevant sein soll: Geht es nur um die Arbeitszeit (eine Art objektive Größe), oder auch um die eingesetzten Fertigkeiten (eine subjektive Größe, die kaum bemessen werden kann)?[114] Und zum dritten ist nicht ersichtlich, warum bei der Wertbestimmung eines Gutes nur der Beitrag der Produzenten zählen soll – müsste es nicht auch eine Rolle spielen, was das Produkt den Käufern wert ist (wie im Falle der Diamanten)?[115] Letzteres lässt sich wiederum nicht objektiv bestimmen.

Die Arbeitswerttheorie der klassischen Ökonomie wird heute von den meisten (nicht-marxistischen) Experten als gescheitert angesehen, und dafür gibt es, wie wir gesehen haben, durchaus gute Gründe. Und selbst wenn sich eine modifizierte Arbeitswerttheorie entwickeln lassen sollte, müsste sie in ihren Ansprüchen erheblich heruntergestuft werden und wäre kaum dazu geeignet, gerechte Tauschverhältnisse festzulegen.[116]

Ähnliche Probleme tun sich im Falle von *Arbeitsverhältnissen* auf, die man so beschreiben kann, dass eine Dienstleistung oder Arbeitstätigkeit gegen Geld getauscht wird.[117] Traditionell spielte die Frage nach dem gerechten Lohn, um die es sich hier (als Unterart des gerechten Tausches) handelt, eine wichtige Rolle in der Sozialethik. Es lässt sich zwar prinzipiell angeben, worin ein gerechter Lohn im Sinne der Tauschgerechtigkeit besteht, nämlich darin, dass geleistete Arbeit und gezahlter Lohn denselben Wert haben. Und sicherlich fällen wir auch heute gelegentlich Urteile von der Art, dass eine Arbeitstätigkeit (ungerecht) überbezahlt ist, eine andere (ungerecht) unterbezahlt und die Arbeitenden ausgebeutet werden. Doch ob sich solche Urteile objektiv begründen lassen, kann man bezweifeln: Wie viel sind die Tätigkeit eines Lehrers, eines Büroangestellten oder eines Postboten (absolut, oder auch in Relation zueinander) wirklich wert – woran sollte man das festmachen?

Im Falle des gerechten Lohnes scheint nicht einmal eine Werttheorie in Sicht zu sein, die prinzipiell eine befriedigende Antwort geben könnte – denn Arbeit wird in der klassisch-ökonomischen Werttheorie ja schon als Maßeinheit vorausgesetzt, also kann der Wert einer Arbeitstätigkeit nicht analog, sprich über die Arbeit bestimmt werden. Die einzige, bei Marx (und schon Ricardo) angedachte Möglichkeit, auch den Wert der Arbeit über die klassische Werttheorie zu bestimmen, bestünde darin, Arbeitskraft als Produkt aufzufassen und ihre „Produktionskosten" (Subsistenz des Arbeiters, Ausbildungskosten) zu berechnen (vgl. Marx 1849, 383 f.). Es ist allerdings – von den schon genannten generellen Problemen dieser Werttheorie abgesehen – ersichtlich, dass solche Faktoren nicht allein relevant sein können, wenn es um den gerechten Lohn geht.[118] Vielmehr müssten wohl auch Faktoren wie physische und psychische Belastung durch die Arbeit oder Gefährlichkeit der Tätigkeit eine Rolle spielen, wenn man bestimmen wollte, welche Gegenleistung den Arbeitenden jeweils gerechterweise zusteht. Das relative Gewicht zu bestimmen, das solchen Faktoren für einen gerechten Lohn zukommen soll, dürfte in objektiv nachvollziehbarer Weise wiederum kaum möglich sein.

Unter einer anderen Beschreibung lässt sich vielleicht mehr über eine gerechte Entlohnung sagen: Wie stellt sich die Situation dar, wenn man nicht den Tauschprozess zwischen Arbeitnehmer und Arbeitgeber als gerecht oder ungerecht klassifiziert, sondern vielmehr den Anteil, den die Arbeitenden am gemeinsam erwirtschafteten Gewinn erhalten, aus einer Gerechtigkeitsperspektive überprüft? Man kann durchaus der Meinung sein, dass die Frage nach der Verteilung des gemeinsam Produzierten für heutige Ökonomien angemessener ist als die Tauschperspektive. Eine solche Sicht auf das Problem scheint auch eher zu Ergebnissen zu führen – aber in dieser Beschreibung handelt es sich um ein Problem der Verteilungsgerechtigkeit, nicht um eines der Tauschgerechtigkeit.[119] Dies wäre eine weitere mögliche Erklärung dafür, warum Tauschgerechtigkeit in der neueren Zeit in den Hintergrund getreten ist.

Ähnliches gilt auch für andere Aspekte der Lohngerechtigkeit, etwa für die (plausible) Behauptung, es sei ungerecht, dass gleiche Arbeiten unterschiedlich entlohnt werden. Das Problem dabei ist nicht, dass ein ungerechter Tausch zwischen einem einzelnen Arbeitgeber und einem einzelnen Arbeitnehmer stattfindet, sondern es geht vielmehr darum, dass das Lohnverhältnis zwischen zwei Arbeitnehmern nicht gerecht (nicht proportional) geregelt ist.[120]

Obwohl also das leitende Prinzip der kommutativen Gerechtigkeit eindeutig ist, lässt sich auch die Frage nach dem gerechten Lohn kaum objektiv beantworten, wenn sie aus der Perspektive der Tauschgerechtigkeit behandelt wird.

7.3 Surrogate für substantielle Tauschgerechtigkeit

Es ist vor diesem Hintergrund nicht überraschend, dass man im Laufe der Zeit weitgehend darauf verzichtet hat, Tauschgerechtigkeit substantiell charakterisieren zu wollen. Eine naheliegende Reaktion auf das Problem, dass sich der Wert von Produkten und Arbeitsleistungen kaum objektiv bestimmen lässt, besteht darin, die Aushandlung des „gerechten" Tausches *den verhandelnden Akteuren selbst* zu überlassen: Der Idee nach legen die Akteure eigenmächtig fest, wie viel ihnen die Leistung oder das angebotene Gut des anderen wert sind (beziehungsweise zu welchem Preis sie ihr Gut oder ihre Leistung verkaufen wollen); sie würden, so die leitende Annahme, sich nicht auf den angebotenen Tausch einlassen, sofern sie ihn (den Preis einer Ware, die angebotene Entlohnung) nicht als gerecht ansähen.[121] Damit wäre Tauschgerechtigkeit wenn nicht verabschiedet, dann doch zumindest vollständig subjektiviert: Gerecht ist ein Tausch demzufolge, wenn und weil die Beteiligten durch ihre Tauschbereitschaft zum Ausdruck bringen, dass sie das Eingetauschte für (mindestens) gleichwertig ansehen wie das, was sie dafür hergeben. Sofern dies für beide Parteien gilt, scheint die Bedingung des gerechten Tausches, Wertgleichheit, (subjektiv) erfüllt zu sein: Durch eine Verhandlung nähern sich die Partner einem gerechten Tausch an und erreichen ihn, wenn eine Einigung zustande kommt.[122]

Natürlich ist dieser Vorschlag nur überzeugend, sofern Fälle von Betrug und Täuschung ausgeschlossen sind. Aber selbst wenn diese zusätzliche Bedingung genauer expliziert und auch erfüllt wäre, ist die dargestellte Antwort auf die Frage nach dem gerechten Tausch (obwohl sie einen plausiblen Kern enthält) nicht vollständig befriedigend, denn diese „libertäre" Lösung – die insbesondere von Friedrich August von Hayek vertreten wurde[123] – hat ein offenkundiges Problem: Die Entscheidung, sich auf einen Tauschhandel einzulassen, wird nicht nur (und vielleicht nicht einmal primär) von Gerechtigkeitserwägungen bestimmt. Offensichtlich kaufen wir Produkte oft, weil wir sie brauchen, und wir nehmen Arbeitsangebote an, weil wir auf die Entlohnung angewiesen sind. Dies gibt denjenigen, die dringend benötigte Güter, Dienstleistungen oder auch Arbeitsverhältnisse anbieten, Möglichkeiten an die Hand, die Situation zu ihren Gunsten auszunutzen: Eine Person, die über das einzig verfügbare Trinkwasser in einer Region verfügt, kann in einem „freien" Verkauf horrende Preise erzielen; medizinische Versorgung wird, wenn sie frei gehandelt wird und nur wenige Personen als Ärzte praktizieren können, ebenfalls sehr teuer sein. Wir hätten aber sicher starke Zweifel, dass ein solcher Tausch als gerecht anzusehen ist. Ähnliches gilt offenbar auch für diejenigen, die Arbeitsverhältnisse anzubieten haben: Werden Löhne bei hoher Arbeitslosigkeit und ohne soziale Absicherung frei ausgehandelt, wird die Bezahlung von Arbeitstätigkeiten offenbar sehr niedrig ausfallen. Es ist also nicht unbedingt der Fall, dass wir, wenn wir uns auf einen Tausch einlassen, der Meinung sind, der Tauschvorgang sei gerecht.[124]

In den geschilderten Fällen liegt es sicherlich nahe zu sagen, der Preis beziehungsweise der Lohn sei ungerecht: Wasser oder medizinische Versorgung sei nicht wirklich so viel wert wie der Preis, den wir aus einer Notlage heraus zu zahlen bereit sind, und unsere Arbeitsleistung sei mehr wert als der Lohn, den wir unter den angesprochenen Bedingungen aushandeln können.

Es hilft auch nicht, den angemessenen Preis mittels fiktivem Tausch dadurch bestimmen zu wollen, dass man von einer Situation ausgeht, in der solche Notlagen nicht bestehen, denn es ist nicht klar, wie eine solche Situation beschaffen ist – wie viel Bedarf und wie viel Angebot sind „normal"?

Daher dürfte es keine überzeugende Position zur Tauschgerechtigkeit sein, dass der Tausch nur frei ausgehandelt werden müsse; vielmehr bräuchte es substantielle Kriterien. Aber letztere anzugeben ist, wie wir schon gesehen haben, problematisch, da wir objektiv kaum bestimmen können, was Wasser, medizinische Versorgung oder Arbeitstätigkeiten wirklich wert sind.

Andererseits ist es offensichtlich, dass sich hinsichtlich des Preises von Waren und der Entlohnung von Arbeitstätigkeiten durchaus Gerechtigkeitsfragen stellen, die durch den „freien" Tausch nicht gelöst werden. Sie führen aber, wenn sie angemessen erfasst und beantwortet werden sollen, meines Erachtens über den Bereich der Tauschgerechtigkeit hinaus.

Um Abhilfe für das Problem zu schaffen, dass Menschen sich aufgrund hoher Preise dringend benötigte Güter oder Dienstleistungen kaum leisten können, müssten solche Bedarfsgüter und essentiellen Dienstleistungen den Preisbildungsprozessen des „reinen" Marktes mindestens partiell entzogen werden – etwa indem sie subventioniert werden, oder indem Maximalpreise für sie festgelegt werden, oder indem sie ärmeren Menschen kostenlos zur Verfügung gestellt werden. Diese Lösung bringt aber mit sich, dass das geschilderte Gerechtigkeitsproblem anders charakterisiert wird: Es geht nicht mehr darum, mit Blick auf die Tauschgerechtigkeit einen angemessenen Preis zu bestimmen, sondern darum, dass *Verteilungsgerechtigkeit unter dem Gesichtspunkt der Bedürftigkeit* hergestellt wird.[125] Auch Subventionen und Preisgrenzen sind, das gilt es zu beachten, eine indirekte Form der Umverteilung.

Solche Vorschläge und Maßnahmen sind uns natürlich aus der Theorie und Praxis des Sozialstaats sehr vertraut. Alternativ könnte man auch versuchen, die Marktmacht der Akteure anzugleichen, indem dafür gesorgt wird, dass alle Personen über genügend Geld verfügen; das wäre ebenfalls eine Maßnahme der Verteilungsgerechtigkeit.

Um zu verhindern, dass die Situation von arbeitsuchenden Menschen durch auf ihre Notlage abgestellte Arbeitsverträge ausgenutzt wird, liegt es nahe, entweder die ökonomische Ungleichheit abzubauen, so dass kein Zwang besteht, annähernd beliebige Arbeitsverhältnisse einzugehen, oder zumindest dafür zu sorgen, dass materielle Notlagen nicht vorkommen, indem eine soziale Absicherung eingeführt wird. Beides fällt aber wiederum in den Bereich der *Verteilungsgerechtigkeit* – es geht um die Verteilung von Geld, im einen Falle unter dem Gesichtspunkt der Gleichheit, im anderen Falle mit Blick auf die Bedürftigkeit.[126] Im Rahmen der Tauschgerechtigkeit lässt sich, sofern meine kritische Diagnose zutrifft, das dargestellte Problem hingegen nicht überzeugend lösen.

Aber geht es, so soll noch einmal kritisch gefragt werden, auf der Ebene der *Begründung* für die angesprochenen Maßnahmen wirklich um Verteilungsgerechtigkeit? Man könnte meinen, die Umverteilungen würden mit dem Ziel vorgenommen, ungerechte Tauschverhältnisse zu unterbinden, so dass es sich letztlich doch um eine Form der Tauschgerechtigkeit handelt. Im Falle dringend benötigter Güter scheint es mir aber überzeugender zu sagen, die zentrale Ungerechtigkeit bestehe darin, dass Bedürfnisse nicht befriedigt werden – dass der Preis der Güter, wenn eine Notlage ausgenutzt wird, als ungerechter Wucher erscheint, ist davon abgeleitet. Auch im Falle geringer Löhne liegt es meines Erachtens nahe, die Ausgangsbedingungen selbst, also die Verteilung von Geldressourcen als ungerecht zu bezeichnen und eine daraus resultierende ungerechte Verhandlungssituation zu konstatieren. Kann man, wenn man die Ausgangsverteilung selbst nicht für ungerecht hält, noch begründet sagen, der Lohn sei ungerecht?[127]

Es zeigt sich also, dass (substantielle) Tauschgerechtigkeit nicht zu Unrecht weitgehend verabschiedet wurde. Der Perspektivwechsel zur Verteilungsgerechtigkeit lässt sich sogar intern nachvollziehen, indem man (wie in diesem Kapitel) kommutative Gerechtigkeit zu explizieren versucht.

Wenn die Verhandlungsposition der Tauschpartner in der jeweils relevanten Hinsicht ausgeglichen, also symmetrisch ist, kann man natürlich durchaus davon sprechen, dass ein unter diesen Bedingungen freiwillig (und informiert) eingegangener Tausch von Waren oder Dienstleistungen gegen Geld gerecht erscheint. Das Problem ist allerdings, dass solche Voraussetzungen nur selten erfüllt sind.

8 Verteilungsgerechtigkeit (I): Verdienst

Wir haben uns im letzten Kapitel über Tauschgerechtigkeit verständigt. Mein Fazit zu der Frage, ob Tauschgerechtigkeit wieder stärker in den Mittelpunkt gestellt, also revitalisiert werden sollte, fiel letztlich negativ aus.

Der Grund dafür ist nicht, dass Tauschgerechtigkeit keinen eigenständigen Typus von Gerechtigkeit darstellt, und er besteht auch nicht darin, dass sich nicht bestimmen ließe, was kommutative Gerechtigkeit ist. Das leitende Prinzip der Tauschgerechtigkeit ist grundsätzlich sehr klar auszumachen: Es geht darum, dass getauschte Leistung und Gegenleistung sich im Wert entsprechen sollen. Vielmehr ist kommutative Gerechtigkeit insofern problematisch, als sich kaum angeben lässt, worin der (relative) Wert der getauschten Güter oder Leistungen objektiv besteht.

Dies ist auch der wesentliche Grund, weshalb es naheliegt, den Tausch den Akteuren selbst zu überlassen, ohne etwas Substantielles über Tauschgerechtigkeit zu sagen. Die Unterstellung dabei ist, dass die Tauschpartner den Tausch nicht eingehen würden, wenn sie das, was sie angeboten bekommen, nicht als mindestens gleichwertig zu dem ansehen, was sie hergeben.

Der nicht-reglementierte Tausch kann aber nicht die vollständige Antwort auf die Frage nach der Gerechtigkeit von Tauschvorgängen sein, denn offenbar hängt es wesentlich von der Ausgangsposition der miteinander tauschenden Akteure ab, welche Angebote sie jeweils annehmen (müssen): Wer etwas dringend benötigt, wird bereit sein, einen hohen Preis dafür zu bezahlen – nicht weil er den Preis für angemessen hält, sondern vielmehr weil er ein existentielles Bedürfnis befriedigen muss. Ähnliches gilt für jemanden, der dringlich eine Arbeit sucht und daher auch eine sehr geringe Entlohnung akzeptieren würde, selbst wenn er sie nicht als angemessen ansieht.

Die Korrektur solcher offensichtlichen Ungerechtigkeiten führt meines Erachtens jedoch über den Bereich der Tauschgerechtigkeit hinaus und betrifft bereits die Verteilungsgerechtigkeit: Es geht darum, für gerechte Verteilungen unter dem Gesichtspunkt der Bedürftigkeit zu sorgen, oder darum, Ungleichheiten in der Güter- und Machtverteilung zu kompensieren. Erst vor dem Hintergrund, dass eine Ungerechtigkeit in der Ausgangsverteilung vorliegt, lässt sich auf plausible und überzeugende Weise sagen, dass ein Tauschvorgang nicht gerecht war – und nicht über den objektiven Wert der getauschten Güter oder Leistungen. Auch aus diesem Grund ist es sachlich angemessen, Tauschgerechtigkeit nicht wieder zum zentralen Gegenstand von Untersuchungen zur Gerechtigkeit zu erheben, sondern die Verteilungsgerechtigkeit in der primären Stellung zu belassen, die sie mittlerweile einnimmt.

8.1 Allgemeine Vorbemerkungen zur Verteilungsgerechtigkeit

Wir sind nun bei dem Teilbereich oder Typus der Gerechtigkeit angelangt, der heutzutage weitgehend als deren Kern angesehen wird: der distributiven Gerechtigkeit. Im Unterschied zur üblichen Diskussion haben wir uns durch die vorangegangen beiden Kapitel vergewissert, dass diese zentrale Stellung der Verteilungsgerechtigkeit nicht kontingent und modebedingt, sondern durchaus angemessen ist: Das Prinzip der Tauschgerechtigkeit ist kaum anwendbar, Wiedergutmachung ist wichtig, aber auf spezielle Kontexte beschränkt, und Strafgerechtigkeit erscheint als Idee eher fragwürdig. Über distributive Gerechtigkeit werden wir uns aufgrund ihrer Bedeutung ausführlicher, nämlich in diesem und den folgenden beiden Kapiteln verständigen.

Grundsätzlich ist der Gegenstand der distributiven Gerechtigkeit die Verteilung von Gütern (und Lasten, die ich allerdings nur am Rande behandeln werde), sofern eine solche Verteilung in unserer Macht steht. Gesundheit kann man beispielsweise nicht direkt verteilen, und sie fällt daher nicht unter Verteilungsgerechtigkeit – Gesundheits*versorgung* lässt sich hingegen durchaus zuteilen.

Offenbar stellt sich die Frage nach der gerechten Verteilung nur, sofern die jeweiligen Güter in dem Sinne knapp sind, dass die Wünsche von Personen, über sie zu verfügen, nicht vollständig erfüllt werden können. Hätten wir so viel an Gütern, dass keine Konflikte über sie entstehen, müsste nach der gerechten Verteilung nicht gefragt werden[128] – Luft zum Atmen muss beispielsweise nicht gerecht verteilt werden.

Diese richtige Einsicht, dass Verteilungsgerechtigkeit auf knappe Güter beschränkt ist, findet sich bereits bei David Hume (vgl. Hume 1777, 101 ff.). Darüber hinausgehend war er der Auffassung, dass auch extreme Knappheit Gerechtigkeit ausschließe, so dass Verteilungsgerechtigkeit nur bei *moderater* Knappheit einschlägig sei (vgl. a.a.O., 104 f.). Diese These ist aber meines Erachtens – auch wenn ihr Einfluss bis John Rawls reicht – nicht überzeugend; es mag zwar schwieriger sein, im Falle extremer Knappheit eine gerechte Verteilung durchzusetzen, und es ist vielleicht auch nicht kritikwürdig, wenn sich Menschen unter diesen Umständen einfach nehmen, was sie dringend brauchen – aber dass es hier keine gerechten und ungerechten Verteilungen geben kann, erscheint wenig plausibel. Wäre es etwa nicht ungerecht, wenn eine Person willkürlich die gesamte Menge eines extrem knappen Gutes zugeteilt bekäme?

Wir werden in diesem und in den folgenden Kapiteln davon ausgehen, dass Güter zur Disposition stehen, die verteilt werden können und die knapp sind – mindestens in dem Sinne, dass nicht alle Wünsche nach ihnen befriedigt werden können, oft aber auch in einem deutlich darüber hinausgehenden und problematischeren Sinne.[129]

Nun kann man die Verteilung von Gütern (wie zu Anfang des Buches ange-sprochen) nach unterschiedlichen Prinzipien vornehmen, die jeweils als Kan-didaten für Verteilungsgerechtigkeit vorgeschlagen worden sind: Gleichheit, Bedürfnis und Verdienst. In diesem Kapitel soll es zunächst um das Verdienst-prinzip gehen.[130] Das einschlägige Prinzip wird im Folgenden erläutert, und es wird geprüft, wie überzeugend es ist. Darüber hinaus soll auch ein Augenmerk darauf gerichtet werden, ob das Verdienstprinzip eine vollständige Konzeption der distributiven Gerechtigkeit liefert, es also nicht nur auf spezifische Güter unter besonderen Bedingungen angewandt werden kann. Analog werde ich in den folgenden Kapiteln mit dem Bedarfsprinzip und dem Gleichheitsprinzip ver-fahren.

8.2 Was Verdienst nicht ist

Beginnen wir mit einigen Erläuterungen, wie das Verdienstprinzip zu verstehen ist. Dabei geht es mir vor allem darum zu klären, was sinnvollerweise als Basis für ein Verdienst angesehen werden kann. Verdienst soll zwischen Personen dif-ferenzieren, und es muss ein Merkmal benannt werden, nach dem diese Differen-zierung vorgenommen wird.

Eine prinzipiell denkbare und historisch wirkungsmächtige Verdienstbasis will ich an dieser Stelle gleich ausschließen – eine Differenzierung nach Merkma-len, die Personen einfachhin zukommen, auf die sie also selbst keinen Einfluss haben. Mir scheint dies sogar aus begrifflichen Gründen problematisch zu sein: Ein Verdienst muss man (nach unserem Sprachgebrauch) erwerben, man muss also in irgendeiner Weise dazu beitragen. Oder anders ausgedrückt: Ein Ver-dienst muss man der Person zuschreiben können, nicht den Umständen, denen sie unterliegt.

Was abweichend davon vertreten wurde und (fälschlich) gelegentlich unter Verdienst gefasst wird, ist nicht wirklich Verdienst, sondern eine Art von Würdig-keit oder Wert, die Personen aufgrund askriptiver, also unveränderlicher Eigen-schaften zukommen oder nicht zukommen soll. Auch wenn man vom begriffli-chen Problem absieht, ist grundsätzlich nicht ersichtlich, wie sich eine solche Wertdifferenzierung, die traditionell etwa nach Geschlecht, Rasse, Stand, Klasse oder ähnlichem vorgenommen wurde, begründen lassen sollte. Welche Eigen-schaftsausprägungen hier jeweils mehr Wert haben, ja dass jemand aufgrund einer derartigen askriptiven Eigenschaft überhaupt mehr wert sein soll, erscheint als eine vollkommen willkürliche Setzung.[131] Es verbleiben als Verdienstbasis also nur Attribute, die der Person zuzurechnen sind. Welche Aspekte hierfür in Frage kommen, wird im nächsten Abschnitt detailliert geprüft.[132]

Aufgrund dieser Einschränkung der möglichen Verdienstbasis auf selbst erworbene Merkmale lässt sich bereits etwas dazu sagen, ob das Verdienstprinzip universell Anwendung finden kann, wenn es um Verteilungsgerechtigkeit geht: Offenbar ist dem nicht so; nicht jedes beliebige Gut kommt überhaupt dafür in Frage, nach Verdienst zugeteilt zu werden. Insbesondere gilt dies für Güter wie natürliche Ressourcen (beispielsweise Rohstoffe), die einfach vorhanden sind und auf die man – zumindest bevor Arbeit in sie investiert wird – kein Verdienst erworben hat. Ähnliches gilt auch für das Gut der Gesundheitsversorgung, wenn man sie als zu verteilendes Gut ansieht: Allenfalls könnte man hier berücksichtigen, ob jemand gesundheitsschädigend lebt; mit Blick auf Krankheiten, die Menschen einfach überfallen, kann man aber keine Verdienste erwerben, die den einen dafür qualifizieren, gesundheitlich versorgt zu werden, und den anderen disqualifizieren, behandelt zu werden. Es kann und wird bei der Verteilung nach Verdienst also nur um Güter gehen, auf die ein Anspruch durch eine Art Eigenleistung prinzipiell möglich erscheint – also Güter, für die Personen spezifische Vorleistungen erbracht haben. Zu denken ist hier etwa an Arbeitsstellen, Beförderungen in einem Unternehmen, Preise, (differentielle) Entlohnungen, Studienplätze, Stipendien und ähnliches.[133]

8.3 Das Verdienstprinzip und seine Probleme

Sofern die einschlägigen Bedingungen hinsichtlich der Verdienstbasis und der Güter erfüllt sind, ist der Gedanke durchaus naheliegend, dass Güter, für die besondere Anstrengungen unternommen wurden, nach Verdienst vergeben werden sollten. Diese Einstellung ist uns ja auch hinlänglich vertraut. Wenn das zu verteilende Gut teilbar ist, lässt sich das Verdienstprinzip mit dem aristotelischen Proportionalitätsgrundsatz verbinden: Sind die Verdienste einer Person doppelt so hoch wie die einer anderen, sollte die erste Person einen doppelt so großen Anteil an dem Gut erhalten. Bei einem nicht teilbaren Gut wird das Prinzip darauf hinauslaufen, dass die Person mit dem größten Verdienst das Gut zugesprochen bekommt. Das Problem ist allerdings: Wer verdient schon, was er verdient?[134]

Wenn man von Verdienst nur sinnvoll sprechen kann, sofern sich eine Person ihren Erfolg selbst – und nicht etwa den Umständen – zuschreiben kann, bleibt vom Verdienstgedanken, wie ich argumentieren will, nicht viel erhalten. Beginnen wir mit dem uns bestens vertrauten Kandidaten für eine Verdienstbasis, der erbrachten Leistung, und damit dem Leistungsprinzip als Auslegung des Verdienstprinzips: Auf den ersten Blick könnte man zwar meinen, das, was eine Person leiste, habe sie doch selbst in der Hand, und gerecht wäre es dementsprechend, wenn diejenige Person mehr bekommt (oder überhaupt das Gut erhält, um das konkurriert wird), die mehr an Leistung erbracht hat. Beispielsweise liegt es nahe zu sagen, es sei gerecht, dass der am besten qualifizierte Kandidat eine Stelle erhält. Aber kann man sich die eigene Leistung wirklich vollständig zuschreiben? Ein erheblicher Anteil der Leistungsfähigkeit (und damit der Leistung) wird offenbar durch Faktoren bestimmt, die nicht der Kontrolle der Person unterliegen, sondern mit den Umständen zu tun haben, denen sie unterworfen war und ist: Zunächst einmal sind es soziale Voraussetzungen, die die Leistungsfähigkeit (und damit die Leistung) einer Person ganz erheblich determinieren. Wie gut eine Person qualifiziert ist, hat beispielsweise wesentlich mit dem familiären Hintergrund zu tun, der bereits die schulischen Aussichten und Erfolge – und damit auch alle weiteren Qualifikationen – maßgeblich mitbestimmt. Und auch die natürlichen Voraussetzungen, die den Ausgangspunkt für eigene Leistungen darstellen und die man ebenfalls nicht selbst zu verantworten hat, dürften sehr unterschiedlich sein: Sofern es so etwas wie natürliche Begabungen gibt, spiegeln sich diese als nicht gewählte und damit nicht der Person zuzuschreibende Faktoren in den erbrachten Leistungen wider. Nicht zuletzt hängt es auch wesentlich vom puren Glück ab, wie erfolgreich man beim Erbringen von Leistungen war oder ist. Wenn jemand beispielsweise schwer erkrankt, wird seine Leistung(sfähigkeit) erheblich reduziert sein, ohne dass er dafür in irgendeinem Sinne etwas kann.[135]

Führt man diesen Gedanken konsequent zu Ende und fragt sich, was Personen selbst in der Hand oder unter ihrer Kontrolle haben, so dass sie sich daraus resultierende Leistungen selbst zuschreiben und verdienstbezogene Ansprüche anmelden können, bleibt am Ende wohl kaum etwas übrig. Jedenfalls ist es ein nur geringer Anteil an der eigenen Leistung, der wirklich auf das Konto der Person geht, und dieser Anteil dürfte sich schwer bestimmen lassen.

Diese Kritik hat nicht wenige Vertreter des Verdienstgedankens dazu bewogen, das Leistungsprinzip zu verwerfen und stattdessen das Bemühen von Personen als geeignetere Verdienstbasis anzusehen. Damit würde man von einem auf den „Output" bezogenen Merkmal (Leistung) zu einer auf den „Input" bezogenen Verdienstbasis (Bemühen) übergehen.[136]

Zwar erscheint es auf den ersten Blick plausibel, dass man die eigenen Bemühungen im Unterschied zur Leistung tatsächlich in der Hand hat. Ob jedoch auch nur das Bemühen ein Verdienst darstellt, ist unklar, denn selbst die Fähigkeit, sich zu bemühen, könnte wesentlich von Faktoren abhängen, die nicht der eigenen Kontrolle unterliegen – ist die Motivation, Leistungen zu erbringen, nicht ebenfalls abhängig von der Sozialisation und eventuell von der „natürlichen" Ausstattung? Menschen können durch ihre frühen negativen Erfahrungen zu

Hause und in der Schule so demotiviert sein, dass sie sich kaum zu Bemühungen aufraffen können; und eine depressive Person wird größte Schwierigkeiten haben, sich zu etwas zu motivieren. Für diese Nachteile können solche Personen aber wiederum nichts.

Es sollte auch nicht übersehen werden, dass die Idee, das Bemühen als Verdienstbasis anzusehen, keineswegs unserer sozialen Praxis entspricht, sondern ein revolutionärer Vorschlag wäre. Man stelle sich vor, was ein solches Prinzip für die Entlohnung oder gar für Sportwettkämpfe bedeuten würde – nicht die beste Performance wäre zu honorieren, sondern die überwundenen Hindernisse. Die herrschenden Bedingungen lassen sich folglich mit diesem Gerechtigkeitsprinzip keineswegs rechtfertigen oder erklären, sondern allenfalls mit dem (bereits kritisierten) Leistungsprinzip.[137]

Es erscheint somit zwar prinzipiell plausibel, dass eine Person, die mehr Verdienste um ein zu verteilendes Gut erworben hat, auch entsprechend mehr bekommen sollte[138] – aber das, was sie sich als Verdienst wirklich zuschreiben kann, ist vermutlich sehr gering, und dieser Anteil an der gesamten Leistung ist auch kaum genauer zu bestimmen.

Selbst George Sher, der für den Verdienstgedanken argumentieren will und der vielleicht der reflektierteste zeitgenössische Vertreter dieser Idee ist, hat der Kritik am Verdienstprinzip als Gerechtigkeitsgrundsatz letzten Endes wenig entgegenzusetzen. Sher weist zwar darauf hin, dass nicht *a priori* klar sei, wie viel an Bemühen der Person letztlich doch zuzuschreiben ist, und dass der Unterschied zwischen Personen vielleicht nur darin besteht, dass es für manche schwieriger ist als für andere, etwas zu erreichen (vgl. Sher 1989, 32). Aber das würde nichts daran ändern, dass es unfair ist, wenn eine Person ihre Ziele leichter erreicht als eine andere, und es widerlegt auch nicht die Behauptung, dass ihr Erfolg nicht vollständig verdient ist.

Zusätzlich behauptet Sher, dass die Unfairness hinsichtlich der Startbedingungen beim Verfolgen von Zielen nur für die (angeblich wenigen) kompetitiven Kontexte normativ relevant sei, weil es bei nicht kompetitivem Verdienst nur darauf ankäme, dass es allen Person möglich war, das Ziel zu erreichen (a.a.O., 35 f.).[139] Selbst wenn dem so sein sollte, ist diese Replik aber für unsere Untersuchung nicht einschlägig, da es bei der distributiven Gerechtigkeit genau um die Verteilung von Gütern geht, um die konkurriert wird: Personen erheben hier unter Berufung auf den Verdienstgesichtspunkt Ansprüche, die auf ihr besseres Abschneiden in einer Art Wettbewerb bezogen sind.[140] Den Einwand, dass es nicht angemessen erscheint, solche Ansprüche anzumelden, wenn (und weil) sie wesentlich auf nicht den Personen zuzurechnenden Faktoren beruhen, kann Sher also nicht entkräften.

Nun erscheint es manchem Leser vielleicht eigenartig, dass das Verdienstprinzip als Grundsatz der Verteilungsgerechtigkeit so schnell und leicht *ad acta* zu legen sein soll. Es gibt doch, so könnte man meinen, eindeutige Fälle, in denen es vollkommen angemessen und gerecht erscheint, Güter nach Verdienst zu verteilen: Beispielsweise ist es im Rahmen eines kooperativen Projekts, bei dem Personen einen unterschiedlichen Arbeitsaufwand in die gemeinsame Unternehmung investiert haben, mehr als naheliegend, sie ihrem Einsatz entsprechend differentiell zu entlohnen beziehungsweise am Gewinn zu beteiligen.

Diese Intuition teile ich zwar, aber ich würde bestreiten, dass es sich im geschilderten Fall tatsächlich um eine Vergütung nach Verdienstgesichtspunkten handelt. Vielmehr geht es darum, dass eine Kompensation für den erbrachten Aufwand erfolgen muss; würde diese Kompensation nicht geleistet, stünden diejenigen, die mehr Arbeit investiert haben, insgesamt schlechter da als diejenigen, die weniger Anstrengungen unternommen haben. Die Intuition lässt sich demnach durch ein Gleichstellungsprinzip einfangen und erklären; ein (spezifisches) Verdienstprinzip ist dafür entgegen dem Anschein nicht erforderlich.[141]

In gewisser Weise wirkt dieser Gesichtspunkt auf die oben angestellten Überlegungen zum Bemühen zurück: Auch wenn es, wie ich behauptet habe, nicht so ist, dass die Bemühungen den Personen vollständig zugeschrieben werden können, und daher aus dem Bemühen auch kein gerechtigkeitsbezogener Anspruch auf ein Gut folgt, könnte man vielleicht argumentieren, dass der von den Personen betriebene Aufwand entschädigt werden sollte, also gerechterweise ein Art Aufwandsentschädigung zu zahlen ist. Ob dies ohne weiteres gilt, wäre zu prüfen – man könnte auch der Meinung sein, dass die Personen sich auf die Konkurrenzsituation eingelassen haben und insofern auf eigenes Risiko Anstrengungen investieren, die womöglich nicht belohnt werden. Man beachte aber, dass es sich auch hier so oder so nicht um Verteilung nach (proportionalem) Verdienst handelt, sondern um eine Gleichheitsforderung.

8.4 Eine alternative Erklärung des Verdienstgedankens

Eines erscheint aber zumindest noch erklärungsbedürftig: Wie kommt es, dass wir dem Verdienstprinzip und insbesondere dem Leistungsgedanken in unserer sozialen Praxis ein so hohes Gewicht beimessen – und es sogar als ungerecht empfinden, wenn der, der mehr geleistet hat, bei der Zuteilung von Gütern nicht bevorzugt wird? Lässt sich dies erklären, auch wenn man Verdienst (und besonders das Leistungsprinzip) als Grundsatz der Verteilungsgerechtigkeit mit großer Skepsis betrachtet?

In vielen Fällen dürfte es so sein, dass wir uns einfach darüber täuschen, was der Person selbst zuzurechnen ist. Man macht sich in dieser Hinsicht gerne (und aus verständlichen Gründen) etwas vor, denn es ist natürlich erfreulicher, sich Leistungen selbst zuzuschreiben, als sie auf die Umstände zurückzuführen. Das verschafft ein positives Selbstbild, erhöht das Selbstwertgefühl und liefert nicht zuletzt eine Rechtfertigung für Besserstellungen.

Ich vermute darüber hinaus, dass die Gründe für die Aufrechterhaltung des Leistungsprinzips in letzter Instanz mit Gerechtigkeit nicht viel zu tun haben, auch wenn es fälschlich nicht selten unter diesem Etikett vertreten wird: Meist stehen dahinter schlicht Anreizüberlegungen, die dafür sorgen sollen, dass Personen möglichst viel leisten. Das erscheint insofern wünschenswert, als diese zusätzlichen Leistungen auch anderen zugutekommen oder zumindest zugutekommen können. Dies erklärt auch, weshalb wir in der sozialen Praxis auf die Entlohnung von Leistung setzen und nicht auf den Aufwand schauen, obwohl letzteres unter dem Gerechtigkeitsaspekt näher läge – im Unterschied zu bloßen Bemühungen nützen Leistungen eben auch anderen. Gerecht ist eine differentielle Vergütung nach dem Leistungsprinzip dadurch jedoch nicht; sie erscheint vielmehr aus nicht gerechtigkeitsbezogenen, aber durchaus moralisch relevanten Gründen erstrebenswert.[142]

Noch ein weiterer Aspekt dürfte eine Rolle spielen und vor allem deutlicher machen, weshalb wir beim Leistungsprinzip dennoch an Gerechtigkeit denken: *Wenn* man sich – etwa aus dem Grund, Anreize zu schaffen – bei der Vergabe bestimmter Güter für Leistungskriterien entschieden und dies auch angekündigt hat, *dann* erscheint es, weil nun berechtigte Ansprüche vorliegen, ungerecht, die Verteilung nachträglich nach anderen Gesichtspunkten vorzunehmen.[143] Aber es ist nicht *per se* ungerecht, sich zu entscheiden, die Verteilung auch von Gütern, um die durch Vorleistungen konkurriert wird, nach anderen Gesichtspunkten als der Leistung vorzunehmen. Aus den oben aufgeführten Gründen erscheint es sogar gerechter, von einer Verteilung nach dem Leistungsprinzip abzusehen.

Hier deutet sich ein spezifisches Problem an, das schwer zu lösen sein dürfte und das ich im Rahmen dieser Schrift nicht weiter behandeln werde: Wie geht man auf gerechte Weise mit der Situation um, dass Personen berechtigte Ansprüche anmelden können, die sie im Rahmen einer etablierten Praxis erworben haben, die aber selbst wiederum ungerecht erscheint? Muss man, wenn die ungerechte Praxis reformiert wird, die davon negativ Betroffenen in irgendeiner Weise entschädigen?[144]

Es dürfte deutlich geworden sein, dass ein Leistungsprinzip nicht nur keine Gerechtigkeit herstellt, sondern dass dessen Etablierung aus Gerechtigkeitsgründen sogar problematisch ist. Dieses Prinzip erfordert, damit es aus der Perspektive der Gerechtigkeit überhaupt tolerabel erscheint, als flankierende Maßnahme Bemühungen um Chancengleichheit in einem recht anspruchsvollen Sinne, so dass alle unter ähnlichen Voraussetzungen in die Konkurrenz um das jeweilige Gut eintreten.[145] Somit zeigt sich, dass selbst jemand, der trotz der angeführten Kritik meint, am Verdienstprinzip der Verteilungsgerechtigkeit festhalten zu können, zumindest an einer Version des Gleichheitsprinzips kaum vorbei kommt. Dazu werden wir im übernächsten Kapitel 10 mehr erfahren.

Im Übrigen wird an dieser Stelle auch ersichtlich, dass man Verteilungsgerechtigkeit nicht auf lokale Verhältnisse einschränken kann, wie sie Jon Elster thematisiert (vgl. Elster 1992). Man braucht gerechte Bedingungen im Ganzen, um mögliche lokale Lösungen (oder Abweichungen von Gerechtigkeit) wie etwa die Etablierung des Verdienstprinzips vertreten zu können. Es wird sich später zeigen, dass nur eine egalitäre Auffassung von distributiver Gerechtigkeit in der Lage sein dürfte, eine umfassende Antwort auf Verteilungsprobleme zu liefern. Wer also Gleichheit gänzlich verabschieden will, verzichtet auf die Möglichkeit, insgesamt gerechte Verhältnisse in den Blick zu nehmen.

9 Verteilungsgerechtigkeit (II): Bedürfnis

Im letzten Kapitel hatten wir damit begonnen, uns über Verteilungsgerechtigkeit zu verständigen. Zunächst ging es um das Verdienstprinzip als erstem wichtigen Kandidaten für distributive Gerechtigkeit. In diesem Kapitel werden wir uns mit dem Bedarfsprinzip beschäftigen, im nächsten Kapitel mit Gleichheit.

Ich habe vor allem auf Probleme des Verdienstprinzips aufmerksam gemacht und möchte die wichtigsten Ergebnisse noch einmal kurz zusammenfassen.

Von Verdienst kann man meines Erachtens nur sinnvoll sprechen, wenn sich die Person das, was sie erreicht hat, selbst zuschreiben kann und es nicht Umständen verdankt, über die sie keine Kontrolle hat.

Das heißt aber, dass Verdienst nicht für die gerechte Verteilung *aller* Güter einschlägig sein kann: Nur solche Güter, bei denen ein Anspruch aufgrund eigener Anstrengungen prinzipiell denkbar ist, kommen in Frage. Verdienst liefert also keine vollständige Konzeption von Verteilungsgerechtigkeit.

Darüber hinaus ist es offensichtlich, dass sich Personen nicht alles an ihren Erfolgen selbst zuschreiben können – natürliche Ausstattung, soziale Herkunft und Glück spielen eine erhebliche Rolle beim Verwirklichen von Ambitionen. Verdienst als Leistung zu interpretieren – und entsprechend das Leistungsprinzip als Gerechtigkeitsgrundsatz zu verstehen – ist also nicht angemessen.

Wenn es überhaupt etwas gibt, was sich eine Person selbst zuschreiben kann, dann kann es nur das eigene Bemühen sein. Aber auch das ist durchaus fraglich, denn die motivationalen Ressourcen und damit das Bemühen könnten ebenfalls von Faktoren abhängig sein, die die Person nicht in der Hand hat. Es bleibt also nicht viel erhalten vom Verdienstprinzip.

Nicht alles, was unter Verdienst geführt wird, ist im Übrigen mit dieser Kategorie angemessen beschrieben – einen höheren Aufwand zu entgelten ist zum Beispiel nicht unbedingt eine Frage des Verdienstes, sondern eher eine Art Kompensation, die Gleichheit (wieder)herstellen soll.

Die Gründe für die Etablierung und Aufrechterhaltung des Leistungsprinzips dürften mehr mit (möglicherweise wünschenswerten) Anreizen als mit Gerechtigkeit zu tun haben. Wenn man Leistungskriterien einführt, ist natürlich sekundär Gerechtigkeit im Spiel. Das Leistungsprinzip muss dann aber aus Gerechtigkeitsgründen von einem Gleichheitsprinzip flankiert werden: der Herstellung gleicher effektiver Wettbewerbschancen durch eine Kompensation von natürlichen und sozialen Nachteilen.

9.1 Das Bedarfsprinzip und seine Probleme

Nach den weitgehend kritischen Bemerkungen über Verdienst als Prinzip der Verteilungsgerechtigkeit kommen wir in diesem Kapitel zu einer vermeintlich radikalen Alternative: Güter sollten, so wird häufig gesagt, nach Bedürfnis oder Bedarf vergeben werden. Es sollten also diejenigen die zu verteilenden Güter erhalten, die sie brauchen. Politisch gesehen handelt es sich hierbei um eine scheinbar diametrale Gegenposition zum Verdienstgesichtspunkt: Verdienst wird oft mit der politischen Rechten in Verbindung gebracht, Bedürfnis hingegen mit der politischen Linken.[146]

Ich möchte in diesem Kapitel vor allem prüfen, inwieweit eine Verteilung nach Bedürfnis eine geeignete Konzeption der Verteilungsgerechtigkeit darstellt – ist das Prinzip „jeder soll bekommen, was er braucht" überzeugend? Dabei werde ich mehrere kritische Aspekte beleuchten:

- Sind Bedürfnisse bei allen Verteilungsfragen einschlägig, oder ist das Bedarfsprinzip auf spezifische Güter und Kontexte eingeschränkt?
- Kann das Bedarfsprinzip, wenn es einschlägig ist, eine vollständige Antwort auf Verteilungsprobleme geben? Ist es insbesondere auch bei (relativem) Überfluss und bei Knappheit anwendbar?
- Handelt es sich beim Bedarfsprinzip überhaupt um ein Gerechtigkeitsprinzip – und wenn ja: lässt es sich möglicherweise unter Gleichheit subsumieren?

Die ersten beiden Fragen werden in diesem, die letzte Frage im folgenden Abschnitt untersucht werden. Dort wird sich auch die Gelegenheit ergeben, auf nicht-egalitäre Gerechtigkeitskonzeptionen einzugehen: Deren Vertreter sind nämlich vielfach der Auffassung, dass es bei einer gerechten Verteilung darum geht, dass alle genug haben – sie verfechten also ein Saturierungsprinzip, das eine (relativ anspruchsvolle) Version des Bedarfsprinzips darstellt.[147] Wir werden prüfen, ob dies als Alternative zur Gleichheit überzeugt.

Beginnen wir mit der Frage, unter welchen Voraussetzungen das Bedarfsprinzip einschlägig ist. Güter nach Bedürfnissen zu verteilen ist sicherlich in manchen Situationen naheliegend – etwa wenn es um die Verteilung von Medikamenten geht. Dabei wird allerdings von der vereinfachenden Annahme ausgegangen, dass solche Güter schlicht zur Verteilung anstehen. Genaugenommen müsste man in die Betrachtung einbeziehen, dass die Güter in der Regel nicht einfach vorhanden sind, sondern andere Personen (direkt oder indirekt) aufgrund der hohen Kosten mancher Güter sehr viel opfern müssten, um Bedürftige besser zu stellen.[148]

Selbst vereinfachte Beispiele, in denen der Kostenaspekt vernachlässigt werden kann, machen aber bereits auf zwei Voraussetzungen des Bedarfsprinzips aufmerksam:

Zum einen muss das Vorliegen eines Bedürfnisses oder Bedarfs objektiv nachvollziehbar sein. Nicht jeder Wunsch oder jedes Anliegen einer Person kann als Bedürfnis gezählt werden. Eindeutige Fälle von Bedürftigkeit dürften indes nur existentielle Notlagen wie Unterernährung oder unstrittige Handicaps wie Blindheit darstellen. Diese begründen sicherlich besondere – *prima facie* sogar vorrangige – Ansprüche. Weniger elementare „Bedürfnisse" sind schwerer auszuweisen, und es ist in solchen Fällen auch nicht klar, ob sich aus ihnen starke Ansprüche ergeben.[149]

Bedürfnisse bestehen zum zweiten nicht in jeder Verteilungssituation – zumindest nicht, sofern man den Bedürfnisbegriff nicht inflationär ausweitet. Eine Verteilung nach dem Gesichtspunkt der Bedürftigkeit liegt nur für Güter nahe, die sich plausibel als Bedarfsgüter klassifizieren lassen. Wie beim Verdienst gilt offenbar: Nicht alle Güter können sinnvoll nach Bedürfnissen vergeben werden. Beispielsweise erscheint dies nicht plausibel für Preise oder sonstige Auszeichnungen.

Aus der zuletzt genannten Einschränkung ergibt sich im Übrigen auch, dass Verteilung nach Bedürfnis und Verteilung nach Verdienst nicht so eindeutig in Konkurrenz stehen, wie es zunächst schien: Sofern sich die Güter, für die jeweils Bedarf oder Verdienst relevant sind, vollständig in getrennte Bereiche separieren lassen, sind das Bedarfs- und das Verdienstprinzip miteinander kombinierbar. Von einer solchen Idee geht Michael Walzer in „Spheres of Justice" aus.[150] Allerdings scheint es mir fraglich, ob eine derartige Separierung möglich ist – zum Beispiel Arbeitsplätze (als von Walzer angesprochene Güter) werden benötigt, und es werden zugleich Verdienstansprüche auf sie angemeldet, so dass sie nicht eindeutig in eine der beiden Sphären fallen.

Gehen wir im Folgenden aber davon aus, dass die genannten Hürden für die Anwendbarkeit des Bedarfsprinzips überwunden sind: Es wurden „echte" Bedürfnisse auf eine objektiv nachvollziehbare Weise eruiert, und man befindet sich in einer Situation, in der entsprechende Bedarfsgüter zur Verteilung anstehen. In diesem Fall liegt es *pro tanto* nahe, Güter nach Bedürfnis zu verteilen. Aber gibt, so die sich anschließende Frage, das Bedarfsprinzip „jeder soll bekommen, was er braucht" wirklich eine vollständige Antwort auf das Problem der Verteilungsgerechtigkeit?

Meines Erachtens ist das nur dann der Fall, wenn die zu verteilende Menge an Gütern genau die einschlägigen Bedürfnisse abdeckt. Sowohl wenn zu viel, als auch wenn zu wenig Güter vorhanden sind, ist das Bedarfsprinzip unvollständig.[151] Dies soll im Folgenden nachgewiesen werden.

Nehmen wir zunächst einmal an, es sind *mehr* Güter vorhanden als benötigt werden. In diesem Fall bleibt nach der Zuteilung gemäß der Bedürftigkeit ein Rest an Gütern übrig, über dessen gerechte Verteilung das Bedarfsprinzip nichts sagt. Zwar ist die Verteilung der restlichen Güter nicht so entscheidend, wenn keine unbefriedigten Bedürfnisse mehr vorliegen; aber dennoch dürfte die Zuteilung aus der Perspektive der Verteilungsgerechtigkeit nicht gänzlich irrelevant sein, denn die potentiellen Empfänger werden in der Regel Ansprüche auf die Güter erheben – nicht weil sie sie dringend brauchen, sondern weil sie sie aus anderen Gründen gerne hätten.

Man kann zwar durchaus der Meinung sein, dass es letztlich *moralisch* unerheblich ist, wie die restlichen Güter verteilt werden. Aber man kann meines Erachtens nicht sagen, dass sich hier keine *Gerechtigkeitsfrage* stellt: Wäre es nicht ungerecht, wenn eine Person willkürlich die gesamten verbleibenden Güter erhält, während die anderen leer ausgehen? Wer in der Moral ausschließlich Bedürfnisse für einschlägig hält, vertritt demnach genau genommen die These, dass Verteilungsgerechtigkeit nicht immer moralisch relevant ist.

Auf diese Weise lässt sich eine nicht-egalitäre Saturierungskonzeption von Gerechtigkeit, wie sie etwa Angelika Krebs mit ihrer Auffassung von zu erfüllenden absoluten Standards vertritt,[152] grundsätzlich kritisieren: Es ist in meinen Augen nicht überzeugend, dass sich Gerechtigkeit in Saturierung erschöpft (sofern Saturierung weniger meint als die Erfüllung aller Wünsche), sondern allenfalls, dass Gerechtigkeit in einer Situation des Überflusses (im Sinne von: über den Bedarf hinausgehender Gütermengen) moralisch nicht relevant ist.[153]

Was sollte nun mit den restlichen Gütern geschehen, damit Verteilungsgerechtigkeit gewahrt ist? Es gibt offenkundig verschiedene Möglichkeiten, die Güter zu verteilen. Prinzipiell kann man etwa daran denken, sie nach (vermeintlichem) Verdienst zu vergeben. Aber auch wenn es nicht mehr *sehr* problematisch erscheint, dieses Prinzip anzuwenden, sofern alle Bedürfnisse bereits befriedigt sind, bleiben dennoch die im letzten Kapitel genannten Bedenken gegen den Verdienstgesichtspunkt bestehen – schließlich sorgt die Bedarfsdeckung nicht für gleiche Wettbewerbschancen. Aus Gerechtigkeitsgründen liegt es eher nahe, bei der Verteilung der restlichen Güter Gleichheit ins Spiel zu bringen. Gedacht werden kann hier entweder an eine gleiche Verteilung des Restes oder an ein komplexeres Verfahren, das Gleichheit in einer für relevant angesehenen Hinsicht herstellen soll.[154]

Nehmen wir hingegen an, es sind *weniger* Güter vorhanden als zur Bedürfnisbefriedigung notwendig sind – wie gesagt der wichtigere Fall. In einer solchen Situation gibt uns das Bedarfsprinzip keine Antwort auf die Frage, wie die Güter verteilt werden sollen; es ist im Unterschied zur Situation des relativen Überflusses schlicht nicht anwendbar, da es nicht möglich ist, jedem das zu geben, was er oder sie braucht. Das Prinzip liefert uns dann zwar einen Hinweis darauf, dass die Bedürfnisse der Personen bei der Verteilung berücksichtigt werden müssen, aber keine Handlungsanleitung – wer unter den Bedürftigen soll Güter erhalten, und in welchem Umfange? Soll man die Bedürfnisse einiger Personen vollständig saturieren und andere Personen unberücksichtigt lassen, oder soll man die Bedürfnisse aller unvollständig, aber im selben Grad befriedigen? Wenn wir beispielsweise zehn unterernährte Personen versorgen müssten, aber nur genügend Nahrungsmittel für fünf Menschen an der Hand haben: sollen wir fünf Hungernde versorgen und die anderen fünf hungern lassen, oder sollen wir allen gleich viel an Nahrung geben, so dass sie zwar weiterhin hungern, aber etwas weniger als zuvor? Dies wird durch das Prinzip, Güter nach Bedarf zu verteilen, nicht beantwortet.

Es ist einigermaßen überraschend, dass Vertreter eines Saturierungsprinzips wie Krebs oder Frankfurt dazu nichts Klärendes sagen. Krebs weist zumindest darauf hin, dass in Mangelsituationen größere Bedürftigkeit dringlichere Ansprüche impliziert[155] – aber das hilft nichts, wenn es wie im oben angeführten Beispiel allen gleichermaßen schlecht geht.[156] Frankfurt würde vermutlich sagen, das Willkürverbot schließe es aus, die Güter in einer solchen Situation nach Gutdünken zu verteilen; demnach wäre wohl ein Losverfahren angemessen. Allerdings ist nicht klar, ob das von Frankfurt vertretene Willkürverbot nicht – anders als er meint – etwas mit Gleichheit zu tun hat; aus absoluten Standards allein ergibt es sich jedenfalls nicht, sondern es wird als zusätzliches Prinzip ins Spiel gebracht.

Das Bedarfsprinzip ist, wie wir gesehen haben, kein Konfliktprinzip. Um den bei extremer Knappheit entstehenden Konflikt zu lösen, muss man weitere Prinzipien hinzuziehen.[157] Eine in der Sache nicht unplausible Möglichkeit bestünde darin, nach utilitaristischen Gesichtspunkten vorzugehen: Man könnte die Verteilung der Bedarfsgüter so vornehmen, dass die im Aggregat maximal mögliche Leidvermeidung realisiert wird. Vermutlich würde das im obigen Beispiel darauf hinauslaufen, fünf Personen vom Hunger befreien. Allerdings ist dies keine gerechtigkeitsbezogene Lösung, wie sich schon daran zeigt, dass es vollkommen willkürlich ist, wer (also im Beispiel: welche der zehn Personen) für die Bedarfssicherung ausgewählt wird. Sofern Gerechtigkeit ins Spiel gebracht werden soll, liegt eine egalitäre Antwort auf das Verteilungsproblem nahe: Entweder sollten alle im gleichen Maße (unvollständig) versorgt werden,[158] oder es sollte (etwa durch ein Losverfahren) Gleichheit der Chancen hergestellt werden, die jeweiligen Bedürfnisse befriedigen zu können.

Wenn ich mit den soweit angestellten Überlegungen richtig liege, zeigt sich, dass die Lücken des Bedarfsprinzips – wohl schon bei Überfluss, aber sicher bei

Knappheit – durch ein Gleichheitsprinzip geschlossen werden müssten, sofern man an der Realisierung von Verteilungsgerechtigkeit interessiert ist.

9.2 Eine Frage der Gerechtigkeit?

Gehen wir abschließend von der günstigsten Situation aus, die dann vorliegt, wenn das Bedarfsprinzip tatsächlich anwendbar ist – es ist also, so soll unterstellt werden, zusätzlich zu den anderen genannten Voraussetzungen möglich, die vorhandenen Bedürfnisse vollständig zu befriedigen. Dann stellt sich immer noch die Frage: Handelt es sich bei dem Grundsatz „jeder soll bekommen, was er braucht" überhaupt um ein Gerechtigkeitsprinzip?

Auf den ersten Blick scheint dem so zu sein: Es steht, so würde ein Vertreter dieser Position sagen, Personen zu, dass sie bekommen, was sie benötigen. Allerdings ist es vielleicht nicht immer der Fall, dass einer Person gerechterweise das zusteht, was wie braucht. Stellen wir uns vor, eine Person hat durch äußerst riskantes Verhalten – beispielsweise das Ausüben einer Extremsportart – einen von ihr in Kauf genommenen Unfall erlitten, und sie braucht nun medizinische Versorgung. Ist es klar, dass ihr diese Leistung gerechterweise zusteht? Oder nehmen wir an, eine Person verspielt ihr gesamtes Einkommen und Vermögen und gerät in Armut – steht es ihr in diesem Fall aus Gerechtigkeitsgründen zu, dass sie die von ihr benötigte Versorgung, also Sozialleistungen verschiedener Art, erhält? Das erscheint durchaus fraglich.

Die meisten von uns (so auch ich) werden der Meinung sein, dass Bedürftige unter diesen Umständen dennoch versorgt werden sollten. Das gilt aber meines Erachtens nicht, weil ihnen die Hilfe zusteht, es also ungerecht wäre, ihnen eine benötigte Grundversorgung zu verweigern, sondern weil es hartherzig wäre, einem Menschen die medizinische Behandlung vorzuenthalten oder eine Person in Armut versinken zu lassen. Dass Bedürfnisse von Personen ohne weitere Konditionen generell befriedigt werden sollten, hat, so scheint es, weniger mit Gerechtigkeit zu tun als vielmehr mit Wohlwollen und Barmherzigkeit.[159] Das spricht natürlich nicht gegen das Bedarfsprinzip als solches, sondern nur – aber immerhin – gegen dessen Einordnung als Gerechtigkeitsgrundsatz.

Dies lässt sich auch gegen die Behauptung von Elizabeth Anderson (und Angelika Krebs, die sich Anderson anschließt) einwenden, dass eine Saturierungskonzeption von Verteilungsgerechtigkeit gegenüber einer egalitären Konzeption im Vorteil sei, da sie nicht zu unmenschlichen Resultaten führe:[160] Es erscheint zwar richtig, dass es inhuman wäre, Bedürftige nicht zu versorgen, weil sie ihre Notlage selbst verschuldet haben – aber das ist keine Frage der Gerechtigkeit und spricht daher unter dieser Perspektive auch nicht für ein Bedarfs-

oder Saturierungsprinzip. Entsprechend ist es ebenfalls kein Einwand gegen ein Gleichheitsprinzip der Verteilungsgerechtigkeit, da distributive Gerechtigkeit nicht notwendigerweise den gesamten Bereich der Moral abdeckt.[161]

Ungerecht könnte es hingegen immer noch sein, Personen, die in *unverschuldete* Notlagen geraten sind, die benötigten Güter vorzuenthalten. Aber warum erscheint ein solches Vorgehen ungerecht? Ist dabei wirklich die Bedürftigkeit ausschlaggebend, oder geht es nicht vielmehr um die Tatsache, dass die Notleidenden ohne eigenes Verschulden *schlechter gestellt* sind als andere Personen?

Ich würde behaupten, dass die unverschuldete Schlechterstellung der eigentlich gerechtigkeitsbezogene Gesichtspunkt ist. Dies spräche für eine egalitäre Konzeption von Verteilungsgerechtigkeit, in deren Rahmen die nicht verschuldete Bedürftigkeit nur einen Spezialfall darstellt: Gerecht ist es demzufolge, wenn alle die gleichen Grundvoraussetzungen für ein gutes Leben haben, wenn also unverschuldete Nachteile kompensiert werden. Zu diesen Benachteiligungen gehören offenbar (eindeutige) Handicaps sowie Krankheiten und Unglücksfälle, die einen einfach überfallen. Die mit solchen Schlechterstellungen verbundenen speziellen Bedürfnisse werden durch den Gesichtspunkt der Gleichstellung mit erfasst.

Es ist zu beachten, dass es sich bei der angedeuteten egalitären Konzeption von distributiver Gerechtigkeit nicht um eine einfache Gleichverteilung der Güter handelt. Nicht die Güter sollen gleich verteilt werden, sondern es soll durch eine geeignete Verteilung der Güter dafür gesorgt werden, dass alle die gleichen Lebensaussichten haben. Dies kann und wird durchaus eine ungleiche Güterverteilung erfordern. Eine solche Interpretation von Gleichheit nimmt das, was am Bedarfsprinzip plausibel erscheint, auf – und sie beinhaltet insoweit auch einen Verdienstgedanken, als nur unverschuldete Schlechterstellungen ausgeglichen werden, nicht aber selbst verschuldete.

Über diese Auffassung von Verteilungsgerechtigkeit als Herstellung gleicher Bedingungen für ein gutes Leben, die ich letztlich für überzeugend halte, werden wir im folgenden Kapitel mehr erfahren.

10 Verteilungsgerechtigkeit (III): Gleichheit

Im letzten Kapitel hatten wir uns über den zweiten wichtigen Kandidaten für ein Prinzip der Verteilungsgerechtigkeit verständigt: die Verteilung nach dem Gesichtspunkt der Bedürftigkeit.

Auch wenn es oft naheliegt zu sagen, dass jeder bekommen soll oder jedem das zusteht, was er braucht, zeigen sich bei genauerem Nachdenken doch einige Probleme dieses Prinzips.

Der Anwendungsbereich des Bedarfsprinzips ist zum einen eingeschränkt. Nicht in jeder Verteilungssituation liegen objektiv nachvollziehbare Bedürfnisse vor.

Das Prinzip ist darüber hinaus unvollständig: Falls mehr Güter vorhanden sind, als gebraucht werden, aber konfligierende Interessen hinsichtlich der überschüssigen Güter bestehen, sagt das Bedarfsprinzip nichts dazu, wie eine gerechte Verteilung dieses Restes aussehen würde.

Vor allem aber gilt: Falls Knappheit herrscht, also nicht alle Bedürfnisse befriedigt werden können, ist das Prinzip „alle sollen bekommen, was sie brauchen" nicht anwendbar. Es muss also durch andere Prinzipien ergänzt werden – aus der Gerechtigkeitsperspektive naheliegender Weise durch ein Gleichheitsprinzip. Am geeignetsten erscheint in den meisten Fällen Chancengleichheit auf Bedürfnisbefriedigung durch ein Losverfahren.

Es ist im Übrigen nicht einmal klar, ob es bei Verteilung nach Bedürfnis wirklich um Gerechtigkeit geht oder nicht vielmehr um Wohlwollen und Barmherzigkeit. Nicht immer erscheint es ungerecht, Menschen in Notlagen die Unterstützung zu versagen; aus *Gerechtigkeitsgründen* müssen nur Personen versorgt werden, die in unverschuldete Notlagen geraten sind. Aber das, so hatte ich gegen Ende des letzten Kapitels behauptet, lässt sich als Gleichheitsforderung verstehen: Es geht darum, unverschuldete Nachteile zu kompensieren, von denen besondere Bedürfnisse in Notlagen ein Spezialfall sind. Allgemeine Bedürfnisse gehen natürlich als Faktoren, die die Lebensaussichten bestimmen, ebenfalls in eine egalitäre Konzeption der Verteilungsgerechtigkeit ein.

10.1 Rekapitulation

Mit diesem Kapitel sind wir nun bei egalitären Konzeptionen von Verteilungsgerechtigkeit angelangt. Hierzu werde ich im Unterschied zu den vorangegangenen Kapiteln weniger Kritisches zu sagen haben. Ich denke, dass die plausibelste Konzeption von Verteilungsgerechtigkeit tatsächlich darin besteht, eine Art von Gleichheit herzustellen – zumindest sofern man fundamentale normative

Voraussetzungen teilt, die für unser Selbst- und Moralverständnis konstitutiv sind.

Dieses Ergebnis hatte sich durch die Kritik am Verdienstprinzip und am Bedarfsprinzip schon angedeutet. Zunächst wird es daher in diesem Abschnitt darum gehen, Ergebnisse der letzten beiden Kapitel noch einmal unter der Perspektive zusammenzuführen, welche Überlegungen für Gleichheit als zentralen Gesichtspunkt der Verteilungsgerechtigkeit sprechen. Dabei wird sich auch herausstellen, welches Verständnis von Gleichheit grundsätzlich überzeugend ist – nämlich eine Art von Gleichstellung.

Darüber hinaus will ich in diesem Kapitel einige Gedanken zum genaueren Verständnis von Gleichstellung vortragen (Abschnitt 10.2) sowie einen wichtigen Einwand gegen eine egalitäre Konzeption der Verteilungsgerechtigkeit vorstellen und systematisch einordnen (Abschnitt 10.3).

Vergewissern wir uns also noch einmal des bisherigen Gedankengangs und prüfen, wie und weshalb sich durch ihn Gleichheit als Prinzip der Verteilungsgerechtigkeit nahelegt.

Zunächst ist es wichtig sich klarzumachen, dass außer Gleichheit für uns nur Verdienst (im prägnanten Sinne) und Bedürfnis als alternative Gesichtspunkte der Verteilungsgerechtigkeit in Frage kommen. Lässt sich diese Einschränkung überzeugend rechtfertigen?

Historisch gesehen gab es weitere Verteilungskriterien, die teils auch unter der Kategorie „Verdienst" gehandelt wurden, aber eigentlich etwas anderes meinten: Es ging um Unterscheidungen des Werts oder der Würde von Personen und darauf gründende unterschiedliche Ansprüche bei der Verteilung von Gütern – etwa aufgrund von Hautfarbe, Geschlecht oder sozialer Stellung. Solche Wertunterscheidungen erscheinen aber vollkommen willkürlich, und dies gilt auch für darauf gegründete differentielle Verteilungen – es ist einfach nicht zu sehen, weshalb eine Person, nur weil sie eines der genannten Merkmale in einer bestimmten Ausprägung besitzt, mehr oder weniger wert sein soll und ihr damit mehr oder weniger zustehen sollte. Besondere Begabungen und Fähigkeiten mögen hingegen Wertunterscheidungen erklären; in diesem Fall ist aber dennoch nicht zu erkennen, weshalb sich darauf gerechtigkeitsbezogene Ansprüche gründen lassen sollen, da die Person sich diese Gaben nicht zurechnen kann (vgl. Abschnitt 8.2).

Das bisher Gesagte impliziert bereits, dass im Rahmen der Verteilungsgerechtigkeit die Anliegen von Menschen *gleichermaßen*, also nicht durch Wertdifferenzen abgestuft zu berücksichtigen sind. Dies ist eine egalitäre Grundlage, die – wie wir gleich sehen werden – zwar noch nicht unbedingt eine substantielle Gleichheit (Gleichstellung oder Gleichverteilung) beinhaltet, sie jedoch zumindest als einen naheliegenden Kandidaten für distributive Gerechtigkeit erscheinen lässt.

Dass Menschen gleichermaßen zu berücksichtigen sind, schließt noch nicht zwingend aus, differenzierende Gesichtspunkte ins Spiel zu bringen. Als solche kommen aus der Perspektive der Gerechtigkeit allem Anschein nach Verdienst und Bedürfnis in Frage[162] – dass eine Person aufgrund größerer Verdienste, die sie selbst erworben hat, mehr zugeteilt bekommt als eine andere, heißt nicht, dass für sie ein höherer Wert veranschlagt oder sie *per se* stärker berücksichtigt wurde. Und bei einer Differenzierung nach Bedürfnissen geht es offenbar überhaupt nicht um den unterschiedlichen Wert von Personen oder um ungleiche Berücksichtigung.

Es ist natürlich theoretisch denkbar, dass es neben Verdienst und Bedürfnis weitere für differentielle Verteilungen relevante Gesichtspunkte gibt. Da aber in der ausgedehnten Debatte zur Verteilungsgerechtigkeit keine entsprechenden Vorschläge gemacht wurden, kann man mit einiger Sicherheit davon ausgehen, dass dem *de facto* nicht so ist.

Es sieht demnach so aus, als seien (nur) Verdienst und Bedürfnis Gesichtspunkte, die in Konkurrenz zur Gleichheit treten könnten. Bei einem simplen Verständnis von Gleichheit als Gleich*verteilung* konkurrieren sie auch tatsächlich mit ihr, denn die Güter werden im Falle der Berücksichtigung von Verdienst oder Bedürfnis in der Regel nicht gleich verteilt werden.

Dies hat zu der populären Idee geführt, eine egalitäre Konzeption von Verteilungsgerechtigkeit so zu verstehen, dass die Gleichverteilung der Güter die Basis darstellt, während Abweichungen aufgrund von Bedürfnis oder Verdienst rechtfertigungsbedürftig sind. Tugendhat nennt das den Symmetriesatz, Gosepath die Gleichheitspräsumtion (vgl. Tugendhat 1997, 70 und Gosepath 2004, 201). Einer solchen Interpretation des distributiven Egalitarismus werde ich mich allerdings nicht anschließen. Vielmehr erscheint mir folgender Gedankengang aussichtsreicher: Die Diskussion zum Verdienstprinzip hat gezeigt, dass ein bestimmtes Verständnis von Gleichheit den Hintergrund für dessen Anwendung bilden muss. Verdienste können nur dann Gerechtigkeitsansprüche generieren, wenn die fragliche Person sich die Leistungen selbst zuschreiben kann, es also nicht an den außerhalb ihrer Verantwortung oder Kontrolle liegenden Umständen lag, dass sie bei ihren Vorhaben erfolgreich war. Das heißt aber, dass die Bedingungen, unter denen Menschen in Konkurrenz treten, angeglichen werden müssen – es zeichnet sich ein anspruchsvolles Prinzip der Chancengleichheit ab, das eine Kompensation jeglicher sozialer und auch natürlicher Vor- und Nachteile fordert, damit überhaupt von „wirklichem" Verdienst gesprochen werden kann (vgl. Abschnitt 8.4).

Somit zeigt sich, dass Verdienst zumindest nicht direkt in Konkurrenz zur Gleichheit im einschlägigen Sinne tritt: Die relevante Gleichheitsforderung, die auch vom Verdienstprinzip her nahegelegt wird, besteht darin, die Bedingungen anzugleichen, unter denen Menschen ihren Zielen – in Selbstverantwortung und mit unterschiedlichem Erfolg – nachgehen. Zwar umfasst eine solche egalitäre Konzeption von Verteilungsgerechtigkeit noch nicht das Verdienstprinzip, sondern schließt nur nicht aus, dass man (unter geeigneten Voraussetzungen) mehr Ansprüche erwerben kann als andere. Nach meinem Dafürhalten bleibt aber vom „Verdienst" aus der Perspektive der Verteilungsgerechtigkeit nur die Kompensation für höheren Aufwand als überzeugender Gesichtspunkt übrig – und das ist ebenfalls eine Gleichheitsforderung (vgl. Abschnitt 8.3).

Auch für das Bedarfsprinzip gilt, dass es nicht wirklich in Konkurrenz zur Gleichheit im Sinne von Gleichstellung steht: Spezielle Bedürfnisse sind, sofern sie nicht durch eigenes Verschulden entstehen, Benachteiligungen, die nach Möglichkeit kompensiert werden sollen, und das lässt sich mit Gleichstellung erfassen (vgl. Abschnitt 9.2). Zwar können unter Umständen nicht die Bedürfnisse aller Betroffenen befriedigt werden; in diesem Falle muss es aber gerechterweise auch um Gleichheit gehen, insbesondere darum, die jeweiligen Chancen anzugleichen, die eigenen Bedürfnisse zu saturieren (vgl. Abschnitt 9.1).

Damit zeichnet sich eine Interpretation von Gleichheit ab, die meines Erachtens die überzeugendste inhaltliche Auffassung der Verteilungsgerechtigkeit ist: Die Verteilung von Gütern (und Lasten) ist dann gerecht, wenn sie allen Personen dieselben „Lebensaussichten" – das heißt: gleiche effektive Möglichkeiten, ein gutes Leben zu führen – verschafft. Es geht demnach bei einer plausiblen egalitären Konzeption von distributiver Gerechtigkeit nicht um eine simple Gleichverteilung von Gütern, sondern um ein *Gleichstellungsprinzip*, in das die vom Verdienst- und Bedürfnisgesichtspunkt nach der Kritik verbliebenen einleuchtenden Aspekte integriert werden können.

Dass Verteilungsgerechtigkeit so umfassend und nicht auf lokale Verteilungen eingeschränkt verstanden werden muss, hatte sich ebenfalls in den letzten beiden Kapiteln angedeutet – insbesondere im Zuge der kritischen Überlegungen zum Verdienstgedanken, welcher eine anspruchsvolle Chancengleichheit voraussetzt.

Im Übrigen gilt, dass das vorgeschlagene egalitäre Prinzip prinzipiell auf beliebige Verteilungskontexte (beliebige Güter, beliebige Mengen an Gütern[163]) angewendet werden kann. Anders als im Falle des Verdienst- und des Bedarfsprinzips, die auf Güter und Situationen eingeschränkt waren, hinsichtlich derer überhaupt ein Bedürfnis oder ein Verdienst denkbar erscheint, zeichnet sich hier also eine vollständige Konzeption von distributiver Gerechtigkeit ab.

Zu beachten ist, dass es sich bei der in diesem Abschnitt angestellten Überlegung nicht um ein begriffliches Argument für die vorgeschlagene egalitäre Konzeption von Verteilungsgerechtigkeit handelt. Als Prämissen in die Argumentation eingegangen sind vielmehr unsere heutige Auffassung zum gleichen Wert aller Personen, das Desiderat der Vollständigkeit einer Konzeption distributiver Gerechtigkeit sowie Zweifel an der Erfüllbarkeit der Voraussetzungen für das Verdienstprinzip.

Vor allem habe ich zu zeigen versucht, dass das Gleichstellungsprinzip Bedürfnis- und Verdienstkonzeptionen von Verteilungsgerechtigkeit überlegen ist. Nicht nur liefert es eine vollständige Antwort auf Verteilungsfragen, es kann auch das integrieren, was an den Gesichtspunkten Verdienst und Bedürfnis plausibel erscheint. Entsprechendes ist für das Verdienst- und das Bedarfsprinzip nicht in Sicht – sie können Gleichheit im Sinne von Gleichstellung schwerlich abdecken.

10.2 Zur Explikation von Gleichstellung

Die vorgeschlagene egalitäre Gerechtigkeitskonzeption, also das Prinzip der Gleichstellung, ist aber sicher erläuterungsbedürftig: Was ist damit gemeint, dass die effektiven Möglichkeiten der Menschen, ein gutes Leben zu führen, angeglichen werden sollen? Woran bemessen sich zum einen die realen oder effektiven Chancen? Und worin besteht zum anderen ein gutes Leben?

Die erste Frage für sich genommen lässt sich prinzipiell recht klar beantworten: Alle nicht selbst zu verantwortenden Faktoren, die die Realisierung eines guten Lebens beeinflussen, sollten, soweit es möglich ist, angeglichen werden. Dies heißt insbesondere, dass „natürliche" Nachteile zu kompensieren sind; gleiches gilt für soziale Benachteiligungen; und der Einfluss des schieren Glücks muss ebenfalls so weit wie möglich ausgeschaltet werden (vgl. Abschnitt 8.3). Hieran zeigt sich deutlich, wie anspruchsvoll die Idee der Verteilungsgerechtigkeit letztlich ist.

Für einige der relevanten Beeinträchtigungen von Personen gilt offenbar, dass sie nicht direkt beseitigt werden können: Natürliche Begabungen lassen sich nicht umverteilen, und die Art und Weise, in der Kinder durch ihre Elternhäuser unterstützt werden, kann man kaum – oder allenfalls zu einem kaum tolerierbaren Preis – angleichen. Hier muss eine Kompensation (soweit als möglich) durch eine Umverteilung von „externen" Gütern gesucht werden, etwa durch öffentlich finanzierte Förderprogramme für Benachteiligte.[164]

Die (axiologische) Frage nach dem Maßstab für ein gutes Leben ist hingegen ein großes und innerhalb des egalitaristischen Lagers unter dem Titel „equality of what?"[165] viel diskutiertes Problem, auf das ich in diesem Rahmen keine befriedigende oder gar erschöpfende Antwort geben kann. Die Schwierigkeit rührt unter anderem daher, dass Menschen sehr unterschiedliche konkrete Vorstellungen von einem guten Leben haben können, die sich nicht auf eine bestimmte inhaltliche Konzeption zuschneiden lassen. Unter diesen Voraussetzungen kann bestenfalls ein einheitliches Maß für ein (je nach individueller Vorstellung) gelungenes Leben gefunden werden, aber worin ein solcher Maßstab bestehen soll, ist nicht unmittelbar einsichtig: Soll es um das subjektive Wohlbefinden, also den hedonischen Zustand von Personen gehen? Oder vielmehr um die Erfüllung ihrer jeweiligen Wünsche? Und wenn letzteres der Fall sein sollte – welcher Wünsche? Zählen alle Präferenzen, oder nur die hinreichend rationalen? Die Probleme der genannten Alternativen sind unter anderem folgende: Wohlbefinden erscheint zu eng, um das gute Leben zu erfassen – manche Dinge sind uns wichtig, ohne dass es dabei um subjektives Wohlergehen ginge. Wunscherfüllung erscheint hingegen zu weit – manche Wünsche haben mit dem eigenen Glück nichts zu tun oder führen, wenn sie erfüllt werden, daran vorbei. Wenn man hingegen die Wünsche einschränkt, etwa auf selbstbezogene und informierte, fällt wiederum einiges heraus, was Menschen in ihrem Leben wichtig ist.[166]

Wohlbefinden lässt sich im Übrigen kaum messen oder gar interpersonell vergleichen, und das Wohlergehen wie auch die Wünsche von Personen sind anfällig für Verzerrungen: Manche Menschen sind übermäßig bescheiden, andere hingegen übermäßig anspruchsvoll, so dass sie (anscheinend) unterschiedlich gut wegkommen, wenn man das subjektive Befinden oder die Wunscherfüllung zum Vergleichsmaßstab machen würde (vgl. Dworkin 1981a, 237 f. und Sen 1985).[167] Zwar dürfte sich das Problem teilweise beheben lassen, wenn es um die *Chancen* auf die Erlangung von Wohlergehen oder auf Präferenzerfüllung geht, da in diesem Rahmen zumindest teure Geschmäcker keine zusätzlichen Ansprüche generieren – man könnte seine Ansprüche, sofern man sie beeinflussen kann, ja auch herunterschrauben, so dass die Chancen auf ein gutes Leben durch teure Vorlieben nicht verringert werden (vgl. Arneson 1994). Das Problem der adaptiven Präferenzen, also der Anpassung der Ansprüche an ungünstige Lebensumstände, das insbesondere Jon Elster[168] herausgestellt hat, ist damit jedoch nicht gelöst, denn die Chancen auf Wohlergehen einer Person mit adaptiven Präferenzen sind hoch, auch wenn sie in ihrem Leben wenig objektive Möglichkeiten hat. Arneson sucht dies zu beheben, indem er statt von faktischen Präferenzen von Wünschen ausgeht, die unter idealen kognitiven Bedingungen entwickelt werden würden.[169] Das erscheint mir aber nicht überzeugend, denn es wäre doch merkwürdig, einer Person etwas zukommen zu lassen, das sie *de facto* gar nicht wünscht, und aufgrund dessen zu sagen, es ginge ihr gut.

Eine naheliegende und oft vertretene Alternative besteht darin, bei der Bemessung der Lebensqualität nicht auf das Wohlbefinden oder die Wunscherfüllung, sondern auf die den Personen verfügbaren Ressourcen zu blicken (vgl. Dworkin 1981b, Rawls 1975). Dies bringt es mit sich, dass die hohen Ansprüche der Unbescheidenen nicht zusätzlich honoriert werden – sie müssen vielmehr mit denselben Ressourcen auskommen wie andere. Auch das Problem der adaptiven Präferenzen tritt hier nicht auf. Aber eine Konzeption, die den Zugang zu Ressourcen angleichen will, ist ebenfalls Problemen ausgesetzt: Ersichtlich ist, dass es bei der Bemessung der Ausstattung von Menschen nicht nur um externe Ressourcen gehen darf – die „internen" Ressourcen (Fähigkeiten) müssen in irgendeiner Weise in die Bewertung mit einbezogen werden, denn sonst kommen Menschen mit Handicaps zu schlecht weg, die zusätzlich externe Ressourcen aufwenden müssen, um dieselben Möglichkeiten zu haben wie nicht gehandicapte Personen.[170] Eine Einbeziehung der internen Ressourcen in den Index gestaltet sich aber schwierig – wie sollen sie mit den externen Ressourcen verglichen und in Beziehung gesetzt werden?

Ressourcen werden außerdem je nach Lebensplan in unterschiedlichem Maße gebraucht; ein Ressourcenindex, wie etwa Rawls' Liste der Grundgüter, ist in dieser Hinsicht nur dem Anschein nach neutral (vgl. dazu genauer den Anhang des Bandes). Außerdem ist es durchaus fraglich, ob Ressourcen (selbst unter Einbeziehung von Fähigkeiten) alles umfassen, was für ein gutes Leben zählt: Beispielsweise scheinen Schmerzen die Lebensqualität zu senken, selbst wenn mit ihnen keine Beeinträchtigung der Bewegungsfähigkeit einhergeht, also interne Ressourcen nicht reduziert sind (vgl. Cohen 1989).

Cohen zieht den Schluss, dass ein geeigneter Index sowohl Wohlbefinden als auch Ressourcen berücksichtigen muss. Das mag man soweit plausibel finden, aber seine Axiologie der generellen „advantages", die Ressourcen und Wohlbefinden umfassen soll, ist dennoch wenig befriedigend und (wie Cohen auch zugibt) in keiner Weise ausgearbeitet.

Diese schwierigen Fragen zu beantworten wäre Gegenstand einer eigenen Monographie; ich will es hier bei dem Platzhalterbegriff „gutes Leben" belassen, der mit Inhalt gefüllt werden müsste.[171] Intuitiv können wir uns aber zumindest an Beispielen oft vorstellen, wie die Lebensaussichten verglichen werden müssten, auch wenn wir über keine ausgearbeitete Axiologie verfügen. So erscheint es nicht kontrovers, dass Handicaps oder soziale Benachteiligungen (unter Normalbedingungen) die Chancen auf ein gutes Leben verschlechtern und entsprechend kompensiert werden müssten, weitgehend unabhängig davon, ob man bei der Indizierung der Schlechterstellung an subjektive Befindlichkeit, Wunscherfüllung oder Ressourcen denkt. Für praktische Zwecke wird man also oft ohne ausgefeilte Axiologie auskommen.

10.3 Levelling down

Da ein egalitäres Verständnis von Verteilungsgerechtigkeit, wie wir gesehen haben, sehr anspruchsvoll ist, hat es von jeher Gegner auf den Plan gerufen: Ist der Preis, den wir für eine Gleichstellung hinsichtlich der Lebensaussichten zahlen müssten, nicht zu hoch? Kann die Realisierung einer so verstandenen Gerechtigkeit nicht sogar dazu führen, dass es allen schlechter (oder zumindest niemandem besser) geht – und wäre sie dann noch vertretbar? Dieser Einwand wird in der Literatur als „levelling down" bezeichnet. Er ist hier gesondert zu behandeln, weil er oft als gerechtigkeitsinterne Kritik gedeutet wird – im Unterschied zu anderen Einwänden wie etwa utilitaristisch geprägten, die klarerweise als extern zu klassifizieren sind.

Ich werde den „levelling down"-Einwand an dieser Stelle nicht diskutieren, sondern nur deutlich machen, dass es sich entgegen dem Anschein *nicht* um einen internen gerechtigkeitsbezogenen Einwand gegen Gleichstellung handelt, sondern um eine externe Kritik an der Verteilungsgerechtigkeit. Er wird uns inhaltlich im übernächsten Kapitel 12 beschäftigen, wenn es um die Grenzen der Gerechtigkeit geht.

Die Situation, die mit dem „levelling down"-Einwand vor allem in den Fokus gerückt wird, ist die folgende: Wenn wir Güter so umverteilen würden, dass alle hinsichtlich der Lebensaussichten gleich gut dastehen, beseitigen wir Leistungsanreize, so dass durch die geringere Produktivität das Gesamtniveau an Lebensqualität sinken und alle schlechter dastehen könnten. Das kann aber nicht gewollt sein; daher sollten wir Ungleichheiten zulassen, sofern sie allen (und besonders den Schlechtestgestellten) zugute kommen.[172]

Man kann diese Position vertreten, aber sie hat meines Erachtens mit Gerechtigkeit nichts zu tun. Diejenigen, denen die durch Anreizgesichtspunkte begründete Ungleichheit zugutekommt, haben ihre Besserstellung nicht verdient – sie steht ihnen nicht zu, sondern sie wird in Kauf genommen, um das Leben anderer Personen zu verbessern. Es handelt sich nicht um eine Realisierung distributiver Gerechtigkeit, die unverdiente Ungleichheiten nicht unterstützen würde, sondern darum, dass Gerechtigkeit gegenüber dem Pareto-Prinzip (Besserstellungen aller sind vorzuziehen) zurücktreten soll.

Allerdings gibt es andere Fälle von „levelling down", die nichts mit Anreizüberlegungen zu tun haben und die als stärkerer Einwand gegen das Gleichstellungsprinzip erscheinen mögen: Müsste der Egalitarist, wenn eine Kompensation „nach oben" nicht möglich ist, nicht grundsätzlich fordern, dass die Ausstattung von Personen nach unten angeglichen wird, ohne dass jemand davon in irgendeiner Weise profitiert – etwa indem die Sehenden blind gemacht werden, damit sie hinsichtlich der Chancen auf ein gutes Leben nicht besser dastehen als die Blinden? (Das Augenlicht umzuverteilen ist ja nicht möglich.) Und wäre dies nicht eine entsetzliche Konsequenz der Gleichstellungsidee?

Abgesehen davon, dass vielleicht andere Kompensationsleistungen für die Blinden denkbar sind und sinnvoller erscheinen, wird man vielleicht den Eindruck haben, dass sich das Problem analog zur obigen Replik auflösen lässt: Man könnte ja sagen, es sei zwar gerecht, aber dennoch aus anderen moralisch relevanten Gründen alles in allem nicht wünschenswert, die „Blendungsoption" zu wählen. Das ist zwar eine mögliche Position, aber, wie Derek Parfit deutlich gemacht hat, keine vollständige Antwort auf das Problem: Immerhin muss der Egalitarist sagen, dass es *in irgendeiner Hinsicht* (hier: aus Gründen der Gerechtigkeit) gut wäre, die Sehenden zu blenden – und schon das erscheint doch intuitiv wenig überzeugend (vgl. Parfit 2000, 93).[173]

Ich sehe zwei Möglichkeiten, auf diesen Einwand zu reagieren: Entweder man akzeptiert das kontraintuitive Resultat und vertritt wie Larry Temkin offensiv, dass es sich bei der Blendung tatsächlich entgegen dem Anschein um eine Verbesserung in einer Hinsicht handelt, auch wenn sie insgesamt nicht wünschenswert ist (vgl. Temkin 1993, 282).[174] Oder man nimmt die Position ein, dass es Fälle gibt, in denen Gerechtigkeit nicht nur nicht ausschlaggebend ist, sondern es überhaupt nicht moralisch wünschenswert erscheint, eine gerechte Situation herzustellen. Beide Wege halte ich für durchaus gangbar – auch den zweiten, selbst wenn er erhebliche Konsequenzen für die Relevanz der Gerechtigkeit hätte.[175] Es zeigt sich also, dass das „levelling down"-Problem keinen vernichtenden internen Einwand gegen eine egalitäre Konzeption von Verteilungsgerechtigkeit darstellt, sondern nur deutlich macht, dass Gerechtigkeit nicht alles ist, was aus moralischer Perspektive zählt.

Die starken Intuitionen gegen die Blendungs-Option hängen vermutlich auch damit zusammen, dass viele Menschen der Meinung sein dürften, das Augenlicht gehöre uns von Natur aus und es stelle daher ein Unrecht dar, Sehende blind zu machen. Wenn dem so sein sollte, ginge es hier um ein anderes moralisches Prinzip (Eigentum an der Person, nicht „levelling down"), das in Konkurrenz zur Gleichheit steht. Auch darauf ließe sich aber analog antworten: Gerechtigkeit ist eben nur eine moralische Hinsicht, nicht das Gesamte der Moral.

Man könnte des Weiteren auch Fälle, die zwar den Bessergestellten erhebliche Opfer abverlangen, aber noch kein „levelling down" darstellen, als (scheinbar) gerechtigkeitsinternen Einwand gegen Gleichstellung vorbringen: Wenn viele Personen sehr viel opfern müssten, um die Lebenschancen eines Schlechtgestellten ganz geringfügig anzuheben (so dass er immerhin davon profitiert), erscheint das vielleicht nicht gerecht – steht es, so könnte man fragen, dem Schlechtgestellten wirklich zu, dass andere so viel für ihn aufgeben müssen? Ich würde in diesem Fall ähnlich reagieren wie auf den „levelling down"-Einwand: Ja, es stünde ihm aus Gerechtigkeitsgründen zu, wäre also in der Tat gerecht, aber insgesamt mag diese Option – etwa aus utilitaristischen Gründen – moralisch nicht wünschenswert sein. (Mehr dazu in Abschnitt 12.2.)

11 Soziale oder globale Gerechtigkeit?

Im letzten Kapitel ging es um Gleichheit als Prinzip der Verteilungsgerechtigkeit. Ich hatte eine Gleichstellungskonzeption plausibel machen wollen durch folgende Überlegungen:

Auf einer elementaren Ebene ist Gleichheit nach unserem Moralverständnis ohnehin nicht zu umgehen, da wir davon ausgehen, dass alle Menschen den gleichen Wert haben, also primäre Diskriminierungen für unzulässig halten. Dies lässt zwar eine Differenzierung nach Verdienst oder Bedürfnis zu, aber man kommt in Fragen der distributiven Gerechtigkeit auch dann an substantieller Gleichheit nicht vorbei, wenn man ein Verdienst- oder ein Bedarfsprinzip der Verteilung vertreten möchte. Verdienst setzt als Gerechtigkeitsprinzip voraus, dass die Bedingungen, unter denen Personen in einen Wettbewerb eintreten, gleich sind, erfordert also eine anspruchsvolle Chancengleichheit. Und Verteilung nach Bedarf muss um ein weiteres Prinzip ergänzt werden, sowohl wenn mehr vorhanden ist als gebraucht wird, als auch wenn Knappheit herrscht. Naheliegender Weise tritt hier wiederum ein Gleichheitsprinzip in Kraft.

Darüber hinaus hatte ich behauptet, dass eine geeignete Interpretation von Gleichheit nicht nur – im Unterschied zu Bedürfnis und Verdienst – in allen Bereichen distributiver Gerechtigkeit anwendbar ist und eine vollständige Antwort auf Verteilungsfragen liefert, sondern dass sie darüber hinaus auch das umfasst, was an Bedürfnis und Verdienst plausibel erscheint. Dies gilt meines Erachtens für Gleichheit im folgenden Sinne: Alle Personen sollen gleiche effektive Möglichkeiten haben, ein gutes Leben zu führen. Da es nur um Möglichkeiten (effektive Chancen) geht, ist ein Verdienst zu erwerben nicht ausgeschlossen. Und Bedürfnisse wie Handicaps oder Krankheitsfälle kann man als schlechtere Lebensaussichten ansehen, die im Rahmen einer Gleichstellung kompensiert werden müssen.

Zwar werden diejenigen, die Bedürfnis oder Verdienst als Gesichtspunkt der Verteilungsgerechtigkeit verfechten, mit dieser Auffassung kaum zufrieden sein. Die Vertreter des Bedarfsprinzips werden sagen, dass bei meinem Vorschlag nicht der richtige Grund für die Verteilung zum Tragen kommt: nicht weil sie schlechter dastehen als andere, sollen Menschen mit speziellen Bedürfnissen die relevanten Güter erhalten, sondern weil sie sie brauchen. Dieses Bedenken scheint mir aber nicht viel auszutragen. Die vorgeschlagene Gleichheitskonzeption liefert inhaltlich dasselbe, und sie gibt zudem auch dann eine Antwort auf Verteilungsfragen, wenn das Bedarfsprinzip nicht anwendbar ist (insbesondere bei Knappheit). Die Vertreter des Verdienstprinzips haben einen stärkeren Einwand: Die genannte Gleichheitskonzeption lässt zwar Raum für Verdienst, aber sie fordert scheinbar keine Verteilung nach Verdienst, leistet also zu wenig. Das trifft jedoch nicht unbedingt zu, denn zumindest wird im Rahmen der Gleichstellung ein höherer Aufwand von Personen kompensiert, sofern er deren Möglichkeiten herabsetzt, das von ihnen gewünschte (gute) Leben zu führen. Mehr ist meines Erachtens nicht plausibel am Verdienstgedanken.

Worin ein gutes Leben besteht, wie man also die Aussichten darauf misst und vergleicht (ob über Wohlbefinden, Präferenzerfüllung oder Ressourcen), ist ein schwieriges Problem, das ich in dieser Darstellung der Gerechtigkeitsthematik nicht zu lösen versucht habe. Deutlich geworden ist jedenfalls, dass die vorgestellte Gleichheitskonzeption von Verteilungsgerechtigkeit sehr anspruchsvoll ist: Sie fordert die Angleichung der sozialen Bedingungen und eine Kompensation für „natürliche" Ungleichheiten sowie auch ein Ausschalten des puren Glücks, soweit es jeweils möglich ist. Dies gilt meines Erachtens selbst dann, wenn eine Gleichstellung zu einem „levelling down" führt – es ist nur denkbar (und wahrscheinlich), dass Verteilungsgerechtigkeit nicht immer moralisch ausschlaggebend ist.

11.1 Gerechtigkeit als gesellschaftsinterne Forderung

Nachdem wir uns im systematischen Kernteil des Buches über verschiedene Typen von Gerechtigkeit verständigt haben und zur primär relevanten Verteilungsgerechtigkeit ein Vorschlag entwickelt wurde, soll es in diesem Kapitel um die Frage gehen, ob Gerechtigkeit nur innerhalb einer Gesellschaft einschlägig ist oder ob sie weltumfassend, also global verstanden werden müsste. Ich werde mich bei der Beantwortung dieser Frage auf Verteilungsgerechtigkeit beschränken, da die anderen Typen von Gerechtigkeit entweder, wie die Strafgerechtigkeit, ohnehin fragwürdig sind (vgl. Abschnitt 6.3) oder, wie die kommutative Gerechtigkeit, letztlich auf distributive Gerechtigkeit zurückführen (vgl. Abschnitt 7.3). Im vorliegenden Kapitel geht es also darum, ob Verteilungsgerechtigkeit nicht nur hinsichtlich des Inhalts sehr anspruchsvoll ist, sondern auch hinsichtlich der Extension, also der räumlichen Ausdehnung. Ich werde ausschließlich diese grundsätzliche Frage zu beantworten suchen und nicht auf Details einer Theorie globaler Gerechtigkeit eingehen.[176]

Es ist auffällig, dass Verteilungsgerechtigkeit oft als eine rein gesellschaftsinterne Forderung betrachtet wird.[177] Dies gilt insbesondere für die prominenteste Gerechtigkeitstheorie der Gegenwart, nämlich die von John Rawls: Er konzipiert Verteilungsgerechtigkeit von vornherein so, dass sie nur innerhalb einer Gesellschaft zum Tragen kommt (vgl. Rawls 1975, 24). Für die gesellschaftsübergreifende, internationale Sphäre sieht Rawls nur völkerrechtliche Abmachungen zwischen Staaten oder staatsähnlichen Gebilden vor; globale Verteilungsfragen nimmt er dort nicht in den Blick (vgl. Rawls 1996).

Eine solche Position ist insofern überraschend, als es ja sehr nahe liegt, auch globale Ungerechtigkeiten zu konstatieren: Die Lebensaussichten (also die Chancen, ein gutes Leben zu führen) sind offenbar weltweit sehr ungleich verteilt – manche Menschen wachsen mit nahezu unerschöpflichen Möglichkeiten auf, andere hingegen genießen keinerlei Ausbildung oder sind gar hinsichtlich des Lebensnotwendigen unterversorgt. Da Rawls inhaltlich eine (moderat) egalitäre Gerechtigkeitskonzeption vertritt, müsste er, so möchte man meinen, diese globale Ungleichheit doch als relevant ansehen. Gibt es dennoch mögliche Gründe, Verteilungsgerechtigkeit als gesellschaftsinterne Forderung zu verstehen?

Offensichtlich ist zunächst, dass *nationale Zugehörigkeit* als solche keine Begründung dafür liefert, Gerechtigkeit auf Landsleute zu beschränken, weil dies eine primäre Diskriminierung darstellen würde – Menschen können schließlich nichts dafür, in welches Land sie hineingeboren wurden, und die Migrationsmöglichkeiten über Staatsgrenzen hinweg sind erheblich restringiert.

Ein anderer denkbarer Grund für die Beschränkung von Verteilungsgerechtigkeit auf interne soziale Verhältnisse mag zwar historisch Relevanz besessen haben, ist aber unter heutigen Bedingungen sicher nicht mehr überzeugend: dass man die Verhältnisse in anderen Regionen der Welt *nicht ändern könne* und sich daher eine Ungerechtigkeit nicht konstatieren ließe (vgl. die begrifflichen Überlegungen in Abschnitt 2.1). Wenn wir vollständig voneinander isolierte Gesellschaften hätten, die auf einander keinerlei Einfluss ausüben können, wäre Verteilungsgerechtigkeit *de facto* auf innergesellschaftliche Verhältnisse beschränkt. Das ist aber heutzutage keineswegs (mehr) der Fall: Einflussmöglichkeiten auf andere, sogar weit entfernte Regionen der Welt sind vorhanden, und ein Einfluss wird offenbar durch internationale Beziehungen und nationenübergreifende Institutionen auch faktisch ausgeübt. Unsere Entscheidungen über Importbeschränkungen beeinflussen beispielsweise die ökonomische Situation in anderen Ländern ebenso wie Regularien der Weltbank oder der Welthandelsorganisation. Allenfalls kann man der Meinung sein, dass die Einflussmöglichkeiten auf entfernte Länder stärker restringiert sind als die innerhalb einer Gesellschaft und dadurch der Realisierung von globaler Verteilungsgerechtigkeit Grenzen gesetzt sind (das müsste geprüft werden). Dann wäre aber immer noch so viel zu tun, wie uns möglich ist.

Es gibt noch ein weiteres pragmatisches Argument für die Einschränkung der Verteilungsgerechtigkeit auf innergesellschaftliche Verhältnisse – die Idee einer *moralischen Arbeitsteilung* (Shue 1988, Goodin 1988): Es ist effizienter, wenn sich nicht alle Menschen um alle Angelegenheiten kümmern, sondern soziale Einheiten bestehen, in deren Rahmen moralische Standards wie Gerechtigkeit gesichert werden. Prinzipiell ist diese Idee sicher plausibel; sie hilft jedoch nicht, wenn Gesellschaften oder Staaten ihrer Aufgabe nicht nachkommen können, wie es offensichtlich in einigen Regionen der Welt unter den gegenwärtigen Bedingungen der Fall ist. Unter diesen Umständen müssen über Staats- und Gesellschaftsgrenzen hinausgehende Verpflichtungen übernommen werden.[178]

Solche Argumente sind es allerdings auch nicht, die etwa Rawls dazu bewegen, Verteilungsgerechtigkeit auf gesellschaftsinterne Verhältnisse zu beschränken. Die explizite Begründung, die (nicht nur) er für diese Limitierung gibt, lautet vielmehr wie folgt: Im Falle der Verteilungsgerechtigkeit gehe es um die faire Aufteilung der zum wechselseitigen Vorteil *gemeinsam produzierten* Güter unter denjenigen, die an der Produktion der Güter beteiligt sind. Diese Art Kooperation findet aber, so scheint Rawls es zu sehen, im Wesentlichen innerhalb von Gesellschaften statt (vgl. Rawls 1975, 20).[179]

Offensichtlich kann man in Frage stellen, ob gemeinsame Produktion wirklich auf die Zusammenarbeit innerhalb von Gesellschaften beschränkt ist – kooperieren wir nicht auch über Ländergrenzen hinweg?[180] Diesen empirischen Gesichtspunkt will ich aber vernachlässigen, da – wie wir im nächsten Abschnitt sehen werden – das Kooperationsmodell der Verteilungsgerechtigkeit ohnehin nicht überzeugend ist und sich folglich die einschlägigen Ansprüche auf Güter nicht auf Kooperationspartner beschränken lassen.

Eine zweite kritische Nachfrage möchte ich ebenfalls nicht weiter verfolgen: Neben den produzierten Gütern gibt es auch *natürliche Ressourcen*, über die Gesellschaften in unterschiedlichem Maße verfügen (beispielsweise Erdölvorkommen). Diese Güter fallen offenbar aus dem Kooperationsmodell heraus, da sie den jeweiligen Regionen und deren Bewohnern einfach zufallen. Müsste man nicht auch über eine gerechte Verteilung dieser Ressourcen reden, und wäre damit nicht klarerweise eine Frage der globalen Gerechtigkeit berührt, da Ressourcen weltweit ungleich verteilt sind?[181] Auf diesen Einwand antwortet Rawls mit der Behauptung, der Wohlstand eines Landes sei eher durch interne soziale und politische Verhältnisse bedingt, also von der Verfügung über Ressourcen weitgehend unabhängig (vgl. Rawls 1996, 89).[182] Diese These ist nicht unkontrovers, aber ich will sie Rawls (sowie anderen Verfechtern) zugestehen und vielmehr in einem eigenen Abschnitt die grundsätzlichen normativen Probleme des Kooperationsansatzes deutlich machen.

11.2 Gerechtigkeit und Kooperation

Kommen wir zur entscheidenden grundsätzlichen Frage hinsichtlich sozialer oder globaler Gerechtigkeit: Kann man die gerechtigkeitsbezogenen Ansprüche auf diejenigen Personen einschränken, die an der Herstellung von Gütern mitgewirkt haben?

Es lassen sich im Wesentlichen zwei Begründungen für diese Beschränkung vorbringen, die ich im Folgenden als nicht überzeugend zurückweisen will.

Eine denkbare (und naheliegende) Verteidigung des Kooperationsansatzes würde sich auf eine *Verdienstkonzeption* von Verteilungsgerechtigkeit berufen: Nur diejenigen, die sich an der Produktion der Güter beteiligt haben, besitzen auch Ansprüche auf sie – und zwar genau genommen je nach ihrem Einsatz differenziert.

Abgesehen davon, dass eine solche Begründung aber nicht in Rawls' egalitäre Gerechtigkeitskonzeption passen würde, da Rawls dem Verdienstgedanken ansonsten keine Relevanz beimisst (vgl. dazu Beitz 1975, 367 f., und den Anhang zu diesem Buch), ist sie auch aus unabhängigen Gründen nicht überzeugend. Es bestehen hier alle prinzipiellen Probleme, mit denen das Verdienstprinzip generell konfrontiert ist und die in diesem Buch bereits ausführlich behandelt wurden (vgl. Abschnitt 8.3). Das lässt sich in diesem Zusammenhang noch einmal verdeutlichen: Eine Verdienstkonzeption ist als Grundlage für berechtigte Ansprüche bei der Güterverteilung weder einschlägig, noch würde sie – selbst wenn sie relevant wäre – die Forderung nach globaler Verteilungsgerechtigkeit ausschließen.

Nicht einschlägig ist der Verdienstgesichtspunkt deshalb, weil man klarerweise nicht sagen kann, dass alle Vor- und Nachteile in den weltweit bestehenden Lebensaussichten den beteiligten Personen zugeschrieben werden können. Dies zeigt sich deutlich daran, dass Kinder in verschiedenen Regionen mit höchst unterschiedlichen Lebenserwartungen auf die Welt kommen. Selbst wenn man der Meinung ist, dass die für Wohlstand und Armut ausschlaggebenden Faktoren prinzipiell den Akteuren vor Ort zugeschrieben werden können (was durchaus fragwürdig ist), kann es sich dabei allenfalls um die Generation der Erwachsenen handeln, nicht um die mit unterschiedlichen Aussichten in die Welt hineingeborenen Kinder. Diese haben ihre Ausgangssituation klarerweise nicht verdient – und damit auch die Erwachsenen mindestens nicht vollständig, die aus diesen Kindern einmal hervorgehen.[183]

Hinzu kommt, dass es ausgesprochen problematisch erscheint, Ansprüche auf diejenigen zu beschränken, die faktisch Leistungen erbringen: Es gibt Menschen, die aufgrund ihrer Ausgangslage wie zum Beispiel Krankheit gar nicht dazu in der Lage sind, manche Dinge zu leisten, auch wenn sie es gerne würden; diese Menschen hätten im Rahmen des Kooperationsansatzes der Verteilungsgerechtigkeit keine Ansprüche auf bestimmte Güter, und das ist offenbar wenig überzeugend.[184]

Globale Verteilungsgerechtigkeit wäre durch eine Verdienstkonzeption (selbst wenn diese sinnvoll anwendbar wäre) auch nicht verabschiedet, da gerechter Verdienst mindestens voraussetzt, dass all diejenigen, die sich etwas verdienen sollen, unter gleichen Voraussetzungen in den (ökonomischen) Wettbewerb starten (vgl. Abschnitt 8.3). Diese anspruchsvolle Chancengleichheit ist aber angesichts der weltweiten Diskrepanzen beispielsweise in den Bildungsmöglichkeiten offensichtlich nicht gegeben.

Eine alternative – und stärker revisionäre – Begründung für die Beschränkung der gerechtigkeitsbezogenen Ansprüche auf Kooperationspartner findet sich (überraschenderweise) bei Rawls: Es handelt sich dabei um eine *kontraktualistische Konzeption* von Verteilungsgerechtigkeit.[185] Diese Auffassung setzt voraus, dass sich Personen nur auf eine Kooperation einlassen, sofern sie ihnen Vorteile verschafft. Vor diesem Hintergrund geht sie davon aus, dass die Frage der distributiven Gerechtigkeit darauf beschränkt ist zu bestimmen, welchen Güteranteil die Kooperierenden in Abhängigkeit von ihrer Ausgangsposition jeweils erhalten würden.[186]

Eine solche Konzeption ist aber meines Erachtens inadäquat – ja sie hat mit Gerechtigkeit nicht einmal etwas zu tun. Sie liefert insbesondere, wie Brian Barry es ausdrückt, kein Konzept der Legitimation (vgl. Barry 1989, 284). Dies zeigt sich schon daran, dass die Güteranteile, die sich die Beteiligten jeweils sichern können, wesentlich von ihrer faktischen Ausgangsposition abhängen, die ihnen offensichtlich (gerechterweise) nicht zusteht. Prinzipiell könnten die Mächtigen die Machtlosen zu annähernd beliebigen Bedingungen für sich arbeiten lassen, wenn die Alternative für die Schwächeren darin bestünde, sich nicht selbständig am Leben erhalten zu können. Vor allem aber haben im Rahmen dieser Auffassung von „Gerechtigkeit" diejenigen überhaupt keine Ansprüche auf Güter, mit denen niemand kooperieren will, weil sie nichts oder zu wenig zur gemeinsamen Produktion besteuern können. Dies gilt etwa für Menschen mit schweren Handicaps, für schwer Kranke, für sehr alte Menschen oder für Neugeborene. Es dürfte kaum überzeugend sein, dass Gerechtigkeit in diesem Sinne aufzufassen ist oder auch nur aufgefasst werden kann.[187]

Schon gesellschaftsintern ist eine solche „Gerechtigkeitskonzeption" kein ernstzunehmender Kandidat.[188] Sie kann folglich auch nicht dazu dienen, Ansprüche von Personen auszuschließen, die sich in einem anderen Teil der Welt befinden.

Mit den angeführten Argumenten lässt sich eine Einschränkung der Verteilungsgerechtigkeit auf interne soziale Verhältnisse also nicht rechtfertigen. Weitere Begründungen für diese Beschränkung sind mir nicht bekannt. Aus diesem Grund muss man distributive Gerechtigkeit prinzipiell global verstehen. Die Aufgabe, gerechte Verhältnisse herzustellen, ist also auch hinsichtlich der räumlichen Ausdehnung sehr anspruchsvoll. Und wenn ich mit meinen Überlegungen zum Inhalt der Verteilungsgerechtigkeit recht habe, erscheint sie geradezu ungeheuer: Es müsste darum gehen, so weit als möglich weltweit gleiche Chancen auf ein gutes Leben herzustellen.

11.3 Exkurs: Gerechtigkeit gegenüber zukünftigen Generationen

Es liegt nahe, an dieser Stelle auf die Frage einzugehen, ob und inwieweit neben der räumlichen auch eine zeitliche Ausdehnung zu unserem Verständnis von distributiver Gerechtigkeit gehört: Müsste Gerechtigkeit auch die Angehörigen zukünftiger Generationen umfassen, oder lässt sie sich auf die jetzt Lebenden beschränken? Zu dieser in jüngerer Zeit viel diskutierten Frage, die Spezialprobleme wie gerechtes Sparen, akzeptable Verschuldung, den Ressourcenverbrauch und unseren Umgang mit riskanten Technologien umfasst, will ich nur exkursartig einige knappe Bemerkungen vorbringen.

Zunächst einmal liegt es nahe, auf die Frage analog zu derjenigen nach lokaler oder globaler Gerechtigkeit zu antworten: Es kann einen erheblichen Unterschied für die Lebensaussichten bedeuten, in welche Generation man hineingeboren wird. So dürften beispielsweise die jeweils noch vorhandenen Erdölressourcen die Lebensqualität der Menschen in nicht geringem Maße mitbestimmen. Zu welchem Zeitpunkt eine Person auf die Welt kommt, hat sie aber nicht in der Hand. Folglich wäre es ebenso wenig akzeptabel, Verteilungsgerechtigkeit auf die jetzt Lebenden einzuschränken, wie es hinzunehmen ist, dass nur die Angehörigen der jeweils eigenen Gesellschaft zählen sollen.[189]

Ganz so einfach ist die Frage aber vielleicht doch nicht zu beantworten, denn es gibt eine offensichtliche Disanalogie zur globalen Gerechtigkeit: Zukünftige Generationen existieren – im Unterschied zu Menschen in fernen Ländern – noch nicht. Kann man aber Wesen etwas schulden, die gar nicht auf der Welt sind?

Diese Frage wird in der Literatur kontrovers diskutiert. Es mutet für manche eigenartig an, hier eine bejahende Antwort zu geben. Meines Erachtens ist dies aber nicht so merkwürdig, wie es zunächst scheinen mag: Zwar wäre es schwer verständlich, dass es Ansprüche gänzlich ohne einen Träger, also ohne Anspruchssubjekt geben soll – beispielsweise erscheint ein gerechtigkeitsbezogener Anspruch, gezeugt zu werden, schwer nachvollziehbar.[190] Aber wenn wir sicher (oder jedenfalls mit hoher Wahrscheinlichkeit) davon ausgehen können, dass in der Zukunft Menschen existieren werden, sehe ich nicht, warum sie nicht Ansprüche uns gegenüber haben sollten. Es ist ja durchaus nicht unüblich, sich über das Verhalten unserer Vorfahren zu beschweren, sofern es heute auf uns negative Auswirkungen hat. Praktisch könnte man solche Ansprüche dadurch zur Geltung bringen, dass man Stellvertreter für spätere Generationen in gegenwärtige Entscheidungen einbezieht. Natürlich verdiente die Frage nach der grundsätzlichen Möglichkeit berechtigter Ansprüche späterer Generationen eine ausführlichere Erörterung, doch ich will es in diesem Rahmen dabei belassen.

Eine sich anschließende Frage wäre die nach dem Ausmaß unserer auf Gerechtigkeit gründenden Verpflichtung gegenüber später Lebenden: Haben sie dieselben Ansprüche wie die bereits existierenden Personen, oder lassen sich diese Ansprüche (wie manche meinen) diskontieren?[191] Prinzipiell scheint es klar, dass die Ansprüche der künftigen Menschen genauso stark zählen müssten wie die der heute Lebenden. Es sind allenfalls pragmatische Argumente, die eine Diskontierung der Anliegen der Nachgeborenen rechtfertigen könnten: Da der Verlauf der Zukunft nicht sicher ist, wissen wir auch nicht genau, wie es späteren Generationen ergehen wird – vielleicht können sie beispielsweise durch neue Technologien Ressourcenknappheit kompensieren, oder vielleicht sind zukünftig nicht mehr so viele Menschen auf der Welt wie heute. Dies könnte Gründe liefern, das Ausmaß unserer Verpflichtungen hinsichtlich des Ressourcenverbrauchs zu senken. Außer solchen pragmatischen Argumenten sehe ich keinen Grund, weshalb die Ansprüche der noch nicht geborenen Menschen weniger relevant sein sollten als die der existierenden. Auch die Asymmetrie der Verpflichtungen – die später Lebenden können den jetzt Lebenden nichts schulden – scheint mir kein Argument zu sein, um die Ansprüche zukünftiger Generationen herabzusetzen; wir würden schließlich auch ansonsten nicht meinen, dass jemand, der eine ihm zustehende Leistung nicht zurückerstatten kann, einen geringeren Anspruch auf sie hat. Nur Kontraktualisten, deren Auffassung bereits kritisiert wurde, würden das anders sehen.

Wenn diese kursorischen Bemerkungen zur Gerechtigkeit gegenüber den Angehörigen späterer Generationen soweit überzeugend sind, dann zeigt sich, dass distributive Gerechtigkeit noch anspruchsvoller ist, als bereits behauptet wurde: Wir müssten sogar nach Möglichkeit für gleiche Lebensaussichten aller Menschen sorgen, ob sie nun jetzt oder später leben.[192]

12 Relevanz der Gerechtigkeit

Im letzten Kapitel hatten wir uns über die Frage verständigt, ob Verteilungsgerechtigkeit auf die hier und jetzt lebenden Menschen beschränkt sein kann oder ob sie unbegrenzt – global und auf die Mitglieder zukünftiger Generationen – angewendet werden müsste.

Intuitiv liegt eine globale Auffassung von Gerechtigkeit nahe, denn offenbar sind die Lebensaussichten weltweit extrem ungleich, und es ist nicht zu sehen, weshalb Menschen in anderen Regionen der Welt weniger zählen sollten – nationale Zugehörigkeit ist *per se* kein Grund für spezielle Ansprüche. Man kann auch nicht plausibler Weise behaupten, es sei nicht möglich, die Situation andernorts zu verbessern, so dass Gerechtigkeit nicht einschlägig wäre; allenfalls sind die Möglichkeiten, für globale Gerechtigkeit zu sorgen, eingeschränkt.

Dennoch gehen viele Gerechtigkeitstheoretiker (unter anderem Rawls) davon aus, dass distributive Gerechtigkeit ausschließlich als soziale Gerechtigkeit aufzufassen sei. Sofern im Hintergrund nicht nur pragmatische, sondern prinzipielle Gründe stehen, wird meist folgende Auffassung zugrunde gelegt: Bei Verteilungsgerechtigkeit geht es um die Aufteilung gemeinsam produzierter Güter, und diese Kooperation findet wesentlich innerhalb von Gesellschaften statt.

Beide Behauptungen kann man bestreiten, aber selbst wenn man in dieser Auffassung mitgeht, ist es nicht überzeugend, dass ausschließlich diejenigen Personen, die an einer Kooperation beteiligt waren, Ansprüche auf die Güter geltend machen können: Erstens sind die Bedingungen, unter denen Kooperation stattfindet, unverdientermaßen extrem ungleich (insbesondere die Startbedingungen ab der Geburt), und zweitens fallen nach Maßgabe der Kooperationsauffassung diejenigen als Empfänger von Leistungen heraus, die gar nicht kooperieren können oder mit denen niemand kooperieren will (Schwerkranke beispielsweise). Daran lässt sich unschwer erkennen, dass nicht nur diejenigen gerechtigkeitsbezogene Ansprüche auch auf produzierte Güter haben, die an deren Herstellung beteiligt waren.

Andere überzeugende Gründe für eine prinzipielle Beschränkung von Verteilungsgerechtigkeit auf Gesellschaften sind mir nicht bekannt; folglich muss distributive Gerechtigkeit global verstanden werden.

Weitgehend Analoges gilt, wie wir in einem Exkurs gesehen haben, auch für die zeitliche Ausdehnung der Verteilungsgerechtigkeit: Sie muss prinzipiell generationenübergreifend aufgefasst werden, denn die Zugehörigkeit zu einer Generation bestimmt die Lebensaussichten, ist aber den Personen nicht zuzurechnen. Und gerechtigkeitsbezogene Ansprüche bestehen zumindest, wenn davon auszugehen ist, dass zukünftig Menschen leben werden.

12.1 Vorklärungen zum Stellenwert der Gerechtigkeit

Die internen systematischen Überlegungen zur Gerechtigkeit wurden mit dem letzten Kapitel abgeschlossen. Vor allem Verteilungsgerechtigkeit ist, so hat sich gezeigt, ein sehr anspruchsvolles Konzept, das Umverteilungen erfordert, die letztlich darauf abzielen, die realen Chancen auf ein gutes Leben anzugleichen – und zwar aller Personen weltweit und in Zukunft, also nicht nur derjenigen, die gegenwärtig ein und derselben Gesellschaft angehören.

Vor dem Hintergrund dieser extremen Ansprüche liegt die Frage nahe, welchen Stellenwert Gerechtigkeit eigentlich innerhalb der Moral besitzt: Handelt es sich um eine Forderung, die letztlich eine abschließende moralische Beurteilung darstellt, so dass Ungerechtigkeiten (soweit möglich) in jedem Falle beseitigt werden müssen – unabhängig davon, wie aufwendig dies ist?[193] Oder geht es bei der Gerechtigkeit um etwas in irgendeiner Hinsicht Schwächeres? Wir sind auf diese Frage im Laufe des Buches immer wieder gestoßen (vgl. die Abschnitte 4.2, 8.4, 9.1 und 10.3). Hier sind nun der Ort und die Gelegenheit, sie in einem eigenen Kapitel gesondert zu behandeln.

Genau genommen sind es zwei Teilfragen, die getrennt untersucht und beantwortet werden müssen.

Zum einen: Gibt es neben der Gerechtigkeit *andere normative Gesichtspunkte*, die in *Konkurrenz* zu Gerechtigkeit treten und sie eventuell überwiegen können, so dass manche Ungerechtigkeit aus moralischer Sicht in Kauf genommen werden kann oder gar sollte?

Zum anderen: Ist für Gerechtigkeit zu sorgen eine moralische *Forderung*, oder handelt es sich nur um ein *Ideal*? Ist es also moralisch vorwerfbar, ungerechte Zustände bestehen zu lassen, oder wäre es vielmehr moralisch besonders lobenswert, sich für gerechte Verhältnisse einzusetzen?[194]

Die Frage, ob Gerechtigkeit moralische Forderungen impliziert, würde sich offenbar auch dann stellen, wenn es keine mit Gerechtigkeit konkurrierenden moralischen Gesichtspunkte gäbe – und das Umgekehrte gilt ebenfalls. Die beiden Fragen sind also voneinander unabhängig.

Beide Teilfragen sollen im Folgenden jeweils in einem eigenen Abschnitt behandelt werden. Wie im vorangegangenen Kapitel werde ich mich auch hier wieder weitgehend auf die Verteilungsgerechtigkeit (als wichtigsten Typus) beschränken.

12.2 Konkurrenten zur Gerechtigkeit

Auf die Frage, ob Gerechtigkeit mit anderen normativen Gesichtspunkten konkurriert, habe ich im Laufe der bisherigen Untersuchung implizit bereits eine Antwort gegeben: Gerechtigkeit ist ein zentraler moralischer Gesichtspunkt, der, um ihn außer Kraft zu setzen, durch etwas Wichtigeres überwogen werden muss – aber es gibt relevante Gegengewichte zur Gerechtigkeit. Zwar findet sich in der Literatur oft die Vorstellung, ein abschließendes Gerechtigkeitsurteil berücksichtige alle moralisch relevanten Gesichtspunkte insoweit, dass eine Ungerechtigkeit in jedem Falle abzustellen sei[195] – doch diese Sichtweise erzwingt es, moralische Aspekte unter dem Etikett der Gerechtigkeit zu behandeln, die mit ihr meines Erachtens nichts zu tun haben.

Dies gilt insbesondere für einen Gesichtspunkt, „levelling down", den wir im vorletzten Kapitel in Abschnitt 10.3 angesprochen hatten: Die Herstellung von gleichen Lebensaussichten könnte mit der Option konkurrieren, eine (unverdiente) Ungleichheit in Kauf zu nehmen, die die Aussichten aller Personen verbessert, oder zumindest einige besser und niemanden schlechter dastehen lässt.[196] Dies kann, wie wir gesehen haben, eintreten, wenn Ungleichheit Anreize schafft, die bei einer Gleichstellung entfallen würden, aber auch, wenn eine Angleichung nach unten die einzige Möglichkeit darstellt, Gleichheit zu realisieren, wie vielleicht im Falle der Blindheit aller durch Blendung der Sehenden. Viele würden sagen, eine allgemeine Besserstellung oder Nichtschlechterstellung sei trotz der damit verbundenen Ungleichheit vorzuziehen – die Alternative eines „levelling down" erscheint unattraktiv. Aber es ist meines Erachtens irreführend zu sagen, mit dem Inkaufnehmen der Ungleichheit sei auch die gerechte (oder auch nur keine ungerechte) Lösung gefunden. Diejenigen, die besser wegkommen, verdienen die Besserstellung nicht; sie steht ihnen offensichtlich nicht zu. Sie nutzen im Falle der Anreize sogar ihre bessere Ausstattung mit Fähigkeiten aus, um für sich mehr „herauszuschlagen". Wenn dies zutrifft, dann ist, wer sich zugunsten der Pareto-Verbesserung ausspricht und dafür unverdiente Ungleichheit in Kauf nehmen will, aber darauf festgelegt zu sagen, dass Gerechtigkeit mit anderen moralisch relevanten Gesichtspunkten in Konflikt geraten kann – und dass sie in diesem Fall durch den einschlägigen normativen Gesichtspunkt der allgemeinen Besserstellung überwogen wird.[197]

Ob nun eine Pareto-Verbesserung gegenüber der Gleichstellung als Gerechtigkeitsforderung tatsächlich immer den Ausschlag gibt, ist allerdings nicht so eindeutig, wie gemeinhin angenommen wird. Man kann als hartgesottener Egalitarist durchaus der Meinung sein, dass es besser wäre, auf durch Anreize ermöglichte Besserstellungen aller zu verzichten.[198] Eine solche Auffassung ist extrem und wohl auch nicht konsensfähig, aber sie zu vertreten durchaus möglich.

Im Falle der Blendung als Angleichung nach unten dürften aber wohl annähernd alle Gerechtigkeitstheoretiker – so auch ich – der Auffassung sein, dass eine solche Maßnahme alles in allem nicht vertretbar ist. Es wäre, wie wir in Kapitel 10 gesehen haben, sogar zu diskutieren, ob Gleichstellung und damit Gerechtigkeit in solch einem Fall überhaupt moralisch wünschenswert ist. Sollte dem nicht so sein, würde Gerechtigkeit nicht nur unter Umständen durch andere Werte überwogen, sondern sie wäre nicht einmal unter allen Bedingungen einschlägig. Dies würde die Relevanz der Gerechtigkeit weiter reduzieren.[199]

Im Übrigen hat sich in Kapitel 9 auch gezeigt, dass im Falle extremer Knappheit der Gesichtspunkt der Gerechtigkeit allein nicht in der Lage ist, ein Losverfahren gegenüber einer Gleichverteilung auszuzeichnen, welche unter Umständen niemandem hilft – man denke an die Verteilung von Medikamenten bei tödlichen Erkrankungen. Beide Vorgehensweisen erscheinen nicht unfair. Daran wird deutlich, dass Gerechtigkeit zumindest durch ein anderes normatives Prinzip ergänzt werden muss, etwa ein Pareto-Prinzip, das unter den nicht ungerechten Zuständen denjenigen auszeichnet, der niemanden schlechter stellt und einige besser – in diesem Falle das Losverfahren, das dafür sorgt, dass einige überleben.[200]

Gewissermaßen ist die bislang diskutierte allgemeine Besserstellung (beziehungsweise Nichtschlechterstellung) der eher harmlose Teilaspekt des Utilitarismus, der von ihm als Pareto-Prinzip abgespalten werden kann. Harmlos ist er insofern, als in diesem Rahmen niemand zugunsten anderer geschädigt oder schlechter gestellt wird. Es liegt nun nahe zu fragen, ob der nicht so unproblematische Aspekt des Utilitarismus, die Verrechnung des Glücks der Individuen, ebenfalls in Konkurrenz zur Gerechtigkeit tritt: Kann es moralisch akzeptabel sein, dass eine Person, die ohnehin schon schlechter gestellt ist, weitere Nachteile in Kauf nehmen muss, damit es besser gestellten Personen (überproportional) noch besser geht? Kompromisslose Gerechtigkeitstheoretiker würden dies wohl verneinen und meinen, Gerechtigkeit sei in solchen Fällen nicht zu übertrumpfen – man müsse primär die Situation der schlechter Gestellten berücksichtigen.

Das mag in vielen Fällen intuitiv einleuchten, aber ich halte es keineswegs für ausgemacht, dass dem immer so ist. Dies zeigt sich insbesondere in Situationen, in denen viele besser gestellte Personen sehr viel aufgeben müssten, um einer schlechter gestellten Person ein geringfügig besseres Leben zu ermöglichen. Stellen wir uns vor, sämtliche Gesunden müssten auf alles verzichten, was oberhalb des Existenzminimums liegt, damit es wenigen schwer kranken Menschen ein wenig besser geht. Das ist aus der Perspektive der Gerechtigkeit sicher vorzuziehen – es geht den Kranken ohne eigenes Verschulden deutlich schlechter als den Gesunden, und diese Ungleichheit sollte soweit als möglich beseitigt werden. Aber ist es wirklich auch die aus moralischer Sicht insgesamt vorzugswürdige Option? Würde man in solchen Situationen nicht eher utilitaristisch argumentieren, dass die großen Belastungen vieler Personen zusammengenommen den Verlust an Lebensqualität der wenigen Kranken überwiegen, selbst wenn es den Kranken immer noch schlechter ginge als den Gesunden, sofern letztere die Belastungen auf sich nähmen?[201]

Auch im Falle extremer Knappheit ist es nicht klar, ob die gerecht erscheinende Lösung (Gleichverteilung oder Los) immer die beste Antwort ist. Vielleicht möchte man doch eher einen Gesichtspunkt wie die Überlebenschance der zu Versorgenden hinzuziehen, der mit Gerechtigkeit nichts zu tun hat (die Personen mit der geringeren Überlebenswahrscheinlichkeit können ja in der Regel nichts für ihre Ausgangslage), sondern eher mit Gesamtnutzensteigerung. In diesem Fall tendiere ich allerdings zu einer egalitären Lösung.

Die Urteile dürften in diesen Fragen auseinander gehen, und der Streit ist vielleicht auf argumentativem Wege nicht eindeutig entscheidbar. Vermutlich kann man Gerechtigkeit ein mehr oder weniger starkes Gewicht zumessen, ohne dass ersichtlich ist, wer hier die überzeugendere Position hat. Deutlich ist aber, dass es eine utilitaristische Konkurrenzauffassung zur Gerechtigkeit gibt, die nicht immer leicht von der Hand zu weisen ist. Meine Intuitionen gehen im Falle der hohen Opfer vieler Menschen zugunsten weniger Bedürftiger dahin, dass die aggregierten Anliegen der Bessergestellten in diesem Fall die an sich dringlicheren Bedürfnisse der Notleidendenden überwiegen können. Ich würde also Parfits Position im Wesentlichen zustimmen. Diese Auffassung wird vermutlich keinen Konsens finden, aber man kann davon ausgehen, dass sie von vielen Menschen geteilt wird. Hier liegt zumindest für mich eine Grenze des Strebens nach Gerechtigkeit, die über die vom Paretoprinzip gesetzte Limitation hinausgeht: Auch wenn es ungerecht ist, dass Menschen unverschuldet schlechter dastehen als andere, ist diese Ungerechtigkeit in manchen Fällen, in denen die aggregierten Opfer zu groß werden, hinzunehmen. Wie viel an Leistungen den Bedürftigen tatsächlich zusteht, in welchen Fällen Gerechtigkeit also nicht übertrumpft werden kann, ist eine Frage, die sich schwer beantworten lässt – meines Erachtens kann man dies nur anhand von Fallbeispielen vorsichtig herauszufinden suchen.

Es schließt sich die Frage an, ob es außer (mehr oder minder) utilitaristischen Gesichtspunkten weitere moralische Aspekte gibt, die in Konkurrenz zur Gerechtigkeit treten können. In dieser Hinsicht bin ich mir nicht vollständig sicher, halte das aber eher für fraglich. Zwar liegt es beispielsweise nahe zu sagen, die Realisierung von Verteilungsgerechtigkeit erfordere Einschnitte in die Freiheit der Beteiligten und möglicherweise einen Verzicht auf herausragende (kulturelle) Leistungen, welche alles in allem nicht wünschenswert erscheinen. Aber ich bezweifle, dass es sich hierbei wirklich um konkurrierende moralische Gesichtspunkte handelt und nicht vielmehr um außermoralische (etwa ästhetische) Bewertungen, die die Moral im Ganzen – und nicht nur Gerechtigkeit – hinsichtlich ihres Stellenwerts in Frage stellen.[202] Von den Personen gewünschte Freiheiten würden ja in die Gerechtigkeitsbewertung einfließen, da im Rahmen der Gleichstellung die gesamte Lebenssituation bewertet wird; moralisch begründete Ansprüche auf Freiheit sind also schon berücksichtigt. Es kann mit Blick auf den Einwand folglich nur darum gehen, dass einige Personen mehr Freiheiten auf Kosten der Schlechtergestellten wollen, und dies lässt sich moralisch kaum begründen – wenn es sich überhaupt begründen lässt, dann außermoralisch. Und im Falle des möglichen Verlusts exzellenter Kulturleistungen handelt es sich, so würde ich meinen, eindeutig um eine ästhetische, nicht um eine moralische Bewertung, da man einerseits einen moralischen Perfektionismus, der kulturelle Errungenschaften besonders auszeichnet, nicht plausibel machen kann und Kunst andererseits nicht auf Wohlergehenssteigerung zu reduzieren ist; also ist durch den Einwand kein *moralischer* Gesichtspunkt ins Spiel gebracht, der Gerechtigkeit übertrumpfen könnte.

Anders verhält es sich, wenn Eigentumsrechte gegen Verteilungsgerechtigkeit gestellt werden: Hier handelt es sich in der Tat um einen moralischen Konflikt. Aber die Position, dass Eigentum in jedem Falle vor Verteilungsgerechtigkeit geht, ist kaum überzeugend. Müsste nicht zunächst geklärt werden, welches Eigentum wem gerechterweise zusteht? Eine gewisse Plausibilität hat der Vorrang des Eigentums allenfalls, wenn es um Eigentum an der eigenen Person geht, wie wir im Falle der Blendung gesehen haben – diese Limitation des Strebens nach Gerechtigkeit wurde bereits zugestanden.

12.3 Gerechtigkeit – Forderung oder Ideal?

Kommen wir zu der anderen Frage, ob es sich im Falle der Gerechtigkeit um moralische Forderungen handelt oder nur um ein Ideal, das zu realisieren lobenswert, aber nicht verpflichtend ist.

Die Definition von Gerechtigkeit – gerecht ist ein Zustand dann, wenn Personen bekommen, was ihnen zusteht – legt es nahe, dass es sich hierbei um etwas Einzuforderndes handelt, also um etwas, das von anderen verlangt werden kann. Was einem zusteht, klingt schließlich nach einem Recht, und Rechte implizieren Pflichten.

Ich denke aber, dass dieser Eindruck täuschen kann. Bei der Beantwortung der Frage, was Personen in Verteilungssituationen zusteht, haben wir primär auf die Empfänger und deren Ansprüche geschaut, ohne genauer zu thematisieren, was das Herstellen gerechter Verhältnisse für die Adressaten potentieller gerechtigkeitsbezogener Forderungen bedeuten würde – also insbesondere ob man ihnen die zu erbringenden Leistungen abverlangen kann. Insofern sollte man abschwächend sagen, dass es bisher weitgehend um das ging, was Personen *prima facie* zusteht – unter Absehung von den Zumutungen für die Adressaten möglicher Gerechtigkeitsforderungen, welche nur unter Kostengesichtspunkten (Reduzierung der Lebensaussichten) in die Bewertung eingegangen sind. Dies lässt prinzipiell die Möglichkeit offen, Gerechtigkeit nur als Ideal zu verstehen: Eine Welt, in der jeder bekommt, was ihm (*prima facie*) zusteht, wäre zwar aus Gerechtigkeitsgründen besser, aber einen solchen Zustand herzustellen ist nicht unbedingt gefordert.[203]

Die Frage, wozu wir hinsichtlich der Herstellung von Gerechtigkeit verpflichtet sind, ist ein diffiziles moraltheoretisches Problem – ich halte es für bedeutend schwieriger als die Bestimmung der Gerechtigkeit für sich genommen.[204] Das hat verschiedene Gründe: Es geht bei diesem Problem nicht nur um das Ausmaß der Verpflichtungen, also um Grenzen der Zumutbarkeit und (damit zusammenhängend) um die Möglichkeit von Supererogation, sondern auch um Fragen der Zuständigkeit bei der Realisierung von Gerechtigkeit. Dass ich in diesem Rahmen keine erschöpfende Antwort auf die angesprochenen Fragen geben kann, versteht sich wohl von selbst. Ich möchte nur an einer zur Zeit prominenten Position, der Moralkonzeption absoluter Standards, zeigen, was es heißen kann, die Herstellung von Gerechtigkeit nicht (oder zumindest nicht vollständig) als Pflicht aufzufassen, sondern sich mit weniger zufriedenzugeben. Zu dieser Auffassung werde ich mich abschließend äußern.

Vorab aber noch eine kurze Bemerkung: Eine naheliegende allgemeine Antwort auf die Beziehung zwischen Gerechtigkeit und Verpflichtung wäre die, dass es sich bei dem, was hinsichtlich der Gerechtigkeit moralisch verpflichtend ist, um das handelt, was Personen wirklich unverbrüchlich zusteht. Demnach ginge es bei moralischen Forderungen um die Beseitigung eigentlicher, besonders gravierender Ungerechtigkeiten. Eine solche Position scheinen Avishai Margalit und Judith Shklar zu vertreten (vgl. Margalit 1997 und Shklar 1997).[205] Letztlich ist das sicher richtig – aber handelt es sich um eine hilfreiche Abgrenzung? Zunächst einmal ist vollkommen offen, was Menschen auf jeden Fall zusteht, so dass beide Fragen dieses Kapitels wieder im neuen Gewand auftreten – es muss schließlich auch gezeigt werden, dass Gerechtigkeit in den gravierenden Fällen andere moralische Gesichtspunkte überwiegt. Zudem sollte man bedenken, dass unverbrüchliche Garantien ohnehin nicht gegeben werden können, da es Situationen gibt, in denen absolute Knappheit auftritt (vgl. Abschnitt 9.1). Insofern ist es eher Augenwischerei, moralische Pflichten an besonders gravierenden Ungerechtigkeiten festmachen zu wollen.[206] Wenn man diesen Weg geht, dann muss man zumindest in Form von konkreten Ansprüchen angeben, welche Absicherungen gegeben werden sollen. Dies leistet der Idee nach die nun zu diskutierende Konzeption absoluter Standards.

Man kann das, was moralisch verpflichtend ist, inhaltlich enger fassen als die Realisierung vollständig gerechter Verhältnisse, indem man nur die Bereitstellung dessen, was für ein akzeptables Leben erforderlich ist, zur moralischen Pflicht erhebt.[207] Dies ist inhaltlich gesehen die Position nicht-egalitaristischer absoluter Standards, die in Kapitel 9 bereits anhand der Konzeptionen von Harry Frankfurt und Angelika Krebs angesprochen wurde. Zwar schien diese Option durch die dort geäußerte Kritik verabschiedet zu sein, aber sie kommt hier wieder auf neue Weise ins Spiel. Als Position zu unseren moralischen Rechten und Pflichten erscheint sie möglich und nicht unplausibel,[208] sofern man sie anders charakterisiert, als es von ihren Verfechtern oft getan wird: Es handelt sich nicht um eine alternative Konzeption (distributiver) Gerechtigkeit, sondern um den Verzicht darauf, das Herstellen von gerechten Verhältnissen generell für moralisch verbindlich zu erklären.[209]

Ob eine solche moderate Position zu unseren moralischen Verpflichtungen letztlich überzeugend ist, dürfte nicht leicht zu entscheiden sein. Diese Frage berührt wie gesagt schwierige moraltheoretische Probleme. Meines Erachtens spricht allerdings einiges für diese Auffassung, auch wenn sie ergänzungsbedürftig ist. Absolute Standards festzulegen, die in aller Regel nicht durch andere moralische Aspekte übertrumpft werden und die (soweit möglich) verpflichtend erfüllt werden müssen, dürfte sich nah an den moralischen Intuitionen vieler Menschen bewegen. Sie entspricht auch unserer Neigung, Rechte in den Mittelpunkt der Moral zu stellen. Soziale Rechte können zwar distributive Gerechtigkeit nicht vollständig abdecken (vgl. Tugendhat 1993, 389 ff.), aber sie stellen einen Kernbereich der Moral dar, der im Rahmen der vorgeschlagenen Auffassung gegen Übergriffe auch durch andere moralische Anliegen weitgehend gesichert ist. Dass es das ist, was Menschen (außer bei extremer Knappheit) letztlich zusteht, hat sicher eine erhebliche Plausibilität, auch wenn diese Auffassung wohl nicht von allen Menschen als ausreichend angesehen wird. Welche Rechte oder absoluten Standards es genau sind, die gesichert werden sollen, ist wiederum eine schwer zu entscheidende Frage – vermutlich lässt sich dies nur anhand konkreter Problemlagen klären und aushandeln.[210]

Die Relevanz der Gerechtigkeit innerhalb der Moral zu bestimmen, ist alles in allem ein nicht gelöstes Problem – weder ist gänzlich klar, inwieweit Gerechtigkeit sich gegenüber (mehr oder minder) utilitaristischen Gesichtspunkten durchsetzen kann, noch ob und inwieweit sie moralische Verpflichtungen impliziert. Das dürfte auch nicht überraschen, denn für die Beantwortung dieser Fragen bräuchte man nicht nur eine Theorie der Gerechtigkeit, sondern eine ausgearbeitete Moraltheorie. Innerhalb der Ethik erscheint es aber offensichtlich, dass die große Konfliktlinie zwischen starken Ansprüchen der Individuen und der Aggregation von Interessen verläuft; grob gesprochen geht es um kantische versus utilitaristische Moral. Bisher ist eine einvernehmliche Lösung dieser Kontroverse nicht in Sicht. Dass sie sich in der Debatte um den Stellenwert der Gerechtigkeit widerspiegelt und eine überzeugende Antwort nicht unmittelbar auf der Hand liegt, war zu erwarten. Dennoch habe ich mich bemüht, eine nach meinem Dafürhalten plausible Position zu skizzieren, die vermutlich nicht wenigen Menschen zusagen dürfte.

13 Gerechtigkeit und Politik

Im letzten Kapitel haben wir uns klargemacht, dass Gerechtigkeit – insbesondere Verteilungsgerechtigkeit – nicht der einzig relevante normative Gesichtspunkt sein kann. Zumindest einige Fälle von „levelling down" müssen vermieden werden, und darüber hinaus dürfte es auch wenig überzeugend sein, dass die hinsichtlich der Lebensaussichten Bessergestellten beliebige Opfer in Kauf nehmen sollen, um einigen wenigen schlechter Gestellten ein geringfügig besseres Leben zu ermöglichen.

Desweiteren ist nicht gesagt, dass (distributive) Gerechtigkeit in jedem Falle ein zwingend zu realisierender Zustand ist. Eindeutig moralisch gefordert dürfte es nur sein, elementare Ansprüche zu gewährleisten, die in Form absoluter Standards formuliert werden müssten. Darüber hinausgehende Gleichstellungen könnten ein nicht unbedingt verpflichtendes Ideal darstellen. Diese Auffassung würde hinsichtlich dessen, was wir einander in Verteilungsfragen schulden, auf eine Konzeption sozialer Rechte hinauslaufen. Eine solche Moraltheorie erscheint plausibel und hat vielleicht sogar Aussicht auf einen gesellschaftlichen Minimalkonsens, auch wenn sie nicht das Gesamt der Gerechtigkeit umfasst.

Auf der Grundlage der im letzten Kapitel abgeschlossenen Untersuchung zur Gerechtigkeit als moralischer Kategorie lässt sich nun auch etwas dazu sagen, inwiefern die Herstellung von Gerechtigkeit eine politische Aufgabe ist. Anders als etwa Rawls, der von vornherein Gerechtigkeit als politisches Konzept versteht, das eigenständig behandelt werden kann, erscheint es mir sinnvoll, ausgehend von einer moralischen Untersuchung politische Fragen der Gerechtigkeit als einen Teilbereich der Angewandten Ethik zu betrachten.

In diesem abschließenden Kapitel des Buches, das sich diesem Unterfangen widmet, sollen mehrere Fragen besprochen werden:
- Für welche Bereiche der Gerechtigkeit ist die Politik zuständig, für welche nicht?
- Wie verhält es sich vor diesem Hintergrund mit der Beziehung zwischen Gerechtigkeit und Recht?
- Lassen sich die geforderten gerechtigkeitsbezogenen Maßnahmen als innerstaatliche Aufgabe verstehen, oder braucht es dafür staatsübergreifende Institutionen?

Jede dieser Fragen wird im Folgenden in einem eigenen Abschnitt aufgegriffen.

13.1 Gerechtigkeit als politische Aufgabe?

Die Herstellung von Gerechtigkeit ist sicherlich in Teilen eine politische Aufgabe. Man kann sogar noch einen Schritt weiter gehen und sagen, dass sie in einem gewissen Sinne *die* Aufgabe staatlichen Handelns ist: Meines Erachtens ist nur die Gewährleistung gravierender moralischer Ansprüche, die nicht den Einzelpersonen überlassen werden kann, dazu geeignet politische Zwangsautorität zu rechtfertigen. Zwar mag es auch aus Eigeninteresse wünschenswert sein, dass eine Durchsetzung von staatlichen Regelungen etabliert wird, doch dies reicht als Rechtfertigung von (staatlichem) Zwang nicht aus – selbst wenn es in ihrem rationalen Interesse liegt, dass eine autoritative Regelung in Kraft tritt, liefert dies keine Legitimation, eine Person zu zwingen.[211] Sie müsste zumindest gefragt werden; aber eine entsprechende Zustimmungsforderung lässt sich nicht durchhalten, da sie dauerhaft stabile politische Institutionen unmöglich machen würde.[212] Anders sieht es hingegen bei moralischen Forderungen aus, die nach unserer Auffassung auch ohne Zustimmung durchgesetzt werden dürfen. Da Gerechtigkeit eine wichtige (wenn auch nicht die einzige) Hinsicht darstellt, in der ein Staat aus instrumentellen Gründen moralisch erforderlich sein könnte, kann man ohne allzu grobe Vereinfachung sagen, dass der Staat wesentlich dazu da ist, für gerechte Verhältnisse zu sorgen, und dass er an der Erfüllung dieser Aufgabe auch gemessen werden muss.

Allerdings ist genauer zu fragen, *welche* gerechtigkeitsbezogenen Ansprüche tatsächlich politisch eingelöst werden müssen oder sollen. Hier ergibt sich, wie wir sehen werden, ein gemischtes Bild.

In einem Bereich ist es offensichtlich, dass die Herstellung von Gerechtigkeit eine politische Aufgabe darstellt, nämlich dem der *Strafgerechtigkeit*. Sofern es darum geht, für gerechte Strafen zu sorgen, muss eine neutrale Instanz geschaffen werden, die diese Aufgabe übernimmt. Bei Hobbes und insbesondere bei Locke wird sogar argumentiert, dass dies die zentrale Aufgabe des Staates sei – nur ein Staat könne für gerechte Strafen sorgen, und aus diesem Grund ist die Etablierung eines Staates nach Locke auch wünschenswert.[213]

Allerdings sollten wir uns daran erinnern, dass Gerechtigkeit im Bereich des Strafens nur eine einschränkende Funktion hat (vgl. Abschnitt 6.3) – die Unschuldigen dürfen nicht bestraft werden, und die Strafe für kleinere Delikte darf nicht höher ausfallen als die für schwerwiegende Straftaten. Der grundlegende politisch-moralische Orientierungspunkt für angemessenes Strafen sollte meines Erachtens der Gesichtspunkt der Abschreckung sein. Schon daran zeigt sich, dass staatliches Handeln nicht ausschließlich an Gerechtigkeit gemessen werden kann.[214]

Der zweite Aspekt der ausgleichenden Gerechtigkeit, *Wiedergutmachung*, fällt zumindest teilweise in den Bereich des Politischen: Wiederbeschaffung von Gegenständen oder Zahlung von Kompensationen müssen gegebenenfalls gerichtlich durchgesetzt werden. Symbolische Ausgleichshandlungen sollten hingegen schon deshalb nicht erzwingbar sein, weil ein solcher Zwang ihren Wert zerstören würde – was nützt den Geschädigten eine den Schädigern abgenötigte Entschuldigung?

Ein ebenfalls gemischtes Bild ergibt sich für die *Tauschgerechtigkeit*: Sofern es sich um eindeutige und gravierende Fälle eines ungerechten Tausches – oder vielmehr um nicht gerechte Rahmenbedingungen für einen freien Tausch – handelt (vgl. Abschnitt 7.3), muss eine politische Lösung gefunden werden, da nur auf dieser Ebene die Möglichkeit besteht, für gerechte Verhältnisse zu sorgen. Wir würden hingegen kleinere Ungerechtigkeiten wohl oft der Verantwortung der Betroffenen überlassen und den Staat auch dann nicht eingreifen lassen wollen, wenn ein gerechter Ausgleich nicht zustande kommt – der staatliche oder rechtliche Zwang steht in solchen Fällen in keinem angemessenen Verhältnis zu dem, was hinsichtlich der Gerechtigkeit auf dem Spiel steht.

Wie verhält es sich im Falle des wichtigsten Aspekts der Gerechtigkeit, der *distributiven Gerechtigkeit*? Angesichts der weitreichenden Konzeption von Verteilungsgerechtigkeit, die in diesem Buch vertreten wurde, der Angleichung der Aussichten auf ein gutes Leben, kann es sich nur um eine politische Aufgabe handeln: zu derart weitreichenden Maßnahmen sind nur politische Institutionen in der Lage. An dieser Sachlage ändert sich auch dann nichts, wenn man davon ausgeht, dass Gerechtigkeit nicht der einzig relevante Aspekt ist, sondern Effizienz in der moralischen Beurteilung ebenfalls eine Rolle spielen muss – die Durchführung der nötigen Abwägungen und die Durchsetzung der Ergebnisse sind in jedem Fall politische Aufgaben. Dies gilt umso mehr, als davon auszugehen ist, dass die Grenzen der Gerechtigkeit (was soll erzwungen werden? welche Opfer zugunsten der schlechter Gestellten müssen erbracht werden? inwieweit soll „levelling down" zugelassen werden?) kontrovers sein dürften und in einem politischen Prozess ausgehandelt werden müssten.

Einige Grundlinien für adäquate politische Lösungen der genannten moralischen Konflikte lassen sich dennoch aus dem letzten Kapitel ableiten: Mindestens muss eine soziale Absicherung soweit als möglich garantiert werden, die Notlagen ausschließt und die in aller Regel Vorrang vor Effizienzgesichtspunkten hat.[215] Als Ausnahme wäre hier nur der Fall anzusehen, dass die hohen Opfer vieler Personen durch den geringen Gewinn an Lebensqualität sehr weniger Menschen nicht aufgewogen werden. Darüber hinausgehende Angleichungen der Lebensaussichten sind zumindest wünschenswert, auch wenn sie nicht gefordert werden und nicht zwingend Vorrang vor Effizienzgesichtspunkten haben; inegalitäre Anreize, die zu einer Besserstellung aller führen, werden wohl in vielen Fällen politisch vorzugswürdig erscheinen.[216] Auf Details kann im Rahmen dieses Buches nicht eingegangen werden; sie sind vermutlich auch nur bedingt argumentativ zu stützen. Letztlich muss in einem politischen Prozess entschieden werden, wie viel Ungleichheit zugunsten des höheren allgemeinen Wohlstands tragbar erscheint, welche Opfer für wenige Schlechtgestellte zugemutet werden können und welche sozialen Mindestgarantien nach Möglichkeit gegeben werden sollen.[217]

13.2 Gerechtigkeit und Recht

An dieser Stelle lassen sich einige klärende Bemerkungen zur Beziehung zwischen Gerechtigkeit und Rechten einfügen, die bislang weitgehend offen blieb. Wir hatten schon im Rahmen der begrifflichen Bestimmung von Gerechtigkeit in Abschnitt 2.2 gesehen, dass Gerechtigkeit sich nicht in (fixierten) Rechtsansprüchen erschöpft und ein Unrecht etwas Stärkeres zu sein scheint als eine Ungerechtigkeit. Dennoch dürfte eine enge Verbindung zwischen Gerechtigkeit und Rechten bestehen, die Autoren wie Mill (und mit ihm ein Gutteil der angelsächsischen Tradition) auch gesehen haben. Wie lässt sich diese Beziehung genauer bestimmen?

Auf der *moralischen* Ebene ist zunächst mit den Ergebnissen des letzten Kapitels festzuhalten, dass elementare Rechte denjenigen Teilbereich der Gerechtigkeit ausmachen könnten, den zu gewährleisten in aller Regel verpflichtend ist. Dies würde auch zu der Beobachtung passen, dass Gerechtigkeit nicht auf moralische Rechte zu reduzieren ist, aber letztere dennoch einen wichtigen Teil der Gerechtigkeit abdecken.

Allerdings sind hier zwei Kautelen zu nennen: Zum einen scheinen nicht alle moralischen Rechte auf Gerechtigkeit bezogen zu sein. Zumindest das Recht auf Eigentum am eigenen Körper stellt eher eine Beschränkung der Verteilungsgerechtigkeit dar – man erinnere sich an das Beispiel der Blendung, um Gleichheit herzustellen, das in den vorangegangenen Kapiteln angesprochen wurde. Und zum anderen handelt es sich bei den verteilungsbezogenen Rechten zwar um starke, aber nicht um bedingungslose Ansprüche – in Knappheitssituationen können sie nicht gewährleistet werden, und sie können, falls im Aggregat sehr große Belastungen entstehen, in Ausnahmefällen auch außer Kraft gesetzt werden.

Auf der in diesem Kapitel thematisierten *politischen* Ebene liegt es ebenfalls nahe, gerechtigkeitsbezogene Ansprüche in die Form von (juridischen) Rechten zu kleiden.[218] Rechte sind Ansprüche, die einklagbar sind und daher (wie gewünscht) von den Trägern durchgesetzt werden können. Dies ist eine wesentliche Funktion des Rechtssystems, das im politischen Bereich hinsichtlich der Herstellung von Gerechtigkeit die Hauptlast trägt: Das Strafrecht ist unter anderem dafür zuständig, für gerechte Bestrafung zu sorgen, und das Zivilrecht garantiert idealiter diejenigen Rechte, die aus moralischer Perspektive gewährleistet sein müssen.

Die für den Bereich der Moral genannten Kautelen greifen hier allerdings ebenfalls. Insbesondere ist festzuhalten, dass auch juridische Anspruchsrechte in Ausnahmefällen außer Kraft gesetzt werden können. Generell sollte nicht übersehen werden, dass das Rechtssystem nicht nur auf Gerechtigkeit achten kann, sondern auch Effizienzgesichtspunkte einbeziehen muss – im Falle des auf Abschreckung abzielenden Strafrechts ist dies ohnehin offenkundig, und im Rahmen das Zivilrechts sollten Fragen des Gesamtwohls ebenfalls eine (eingeschränkte) Rolle spielen. Dennoch lässt sich festhalten, dass die Beziehung zwischen Rechten und Gerechtigkeit im politischen Bereich besonders eng ist.

Heißt das auch, dass in der Sphäre der Politik Rechte und Gerechtigkeit zusammenfallen? Das würde ich nach wie vor in Zweifel ziehen. Es ist durchaus ein politisches Agieren denkbar, das auf Gerechtigkeit abzielt, ohne dass es sich um die Gewährleistung von Rechtsansprüchen handelt. Eine Regierung kann für größere Verteilungsgerechtigkeit sorgen wollen, die über die durch das Rechtssystem garantierten Mindestansprüche hinausgeht – und sie muss es auch nicht für wünschenswert halten, dass die von ihr vertretenen Gerechtigkeitsprinzipien längerfristig in Rechte überführt werden.[219] So kann man etwa die Auffassung vertreten, dass existenzsichernde Sozialleistungen als Rechtsanspruch formuliert werden sollten, aber darüber hinaus eine Politik befürworten, die das Wohlstandsgefälle (mehr oder weniger moderat) bekämpft. Eine ähnliche Unterscheidung in Rechtsansprüche und darüber hinausgehende gerechtigkeitsbezogene Maßnahmen ließe sich auch im Bereich der Gesundheitsversorgung oder im Bildungssektor vornehmen.

Es scheint sogar der Fall zu sein, dass Politik im engeren Sinne, also programmatischer Dissens und Parteienstreit sich in weiten Teilen im Feld jenseits von Rechtsansprüchen abspielen; sie betreffen vor allem die Frage, ob gerechtigkeitsbezogene Ansprüche, die keine Rechte darstellen, für politisches Eingreifen relevant sind – und ob sie durchgesetzt werden sollten oder ob sie durch andere (insbesondere auf Effizienz abzielende) Aspekte überwogen werden.

13.3 Gerechtigkeit und internationale Politik

Die gerechtigkeitsbezogenen Aufgaben der Politik und deren Umsetzung sind somit in den Grundzügen geklärt. Aber handelt es sich dabei, wie bislang implizit unterstellt wurde, um eine binnenstaatliche Aufgabe?

Die Fixierung auf den Staat durchzieht die gesamte Tradition der politischen Philosophie, bis hin zum (frühen) Rawls.[220] Allenfalls wurden nicht-staatliche Akteure (NGOs) nach und nach in die Diskussion einbezogen, selten und nur am Rande aber überstaatliche Institutionen.[221] Dabei ist es der Sache nach naheliegend, und es hat sich in Kapitel 11 auch bestätigt, dass Gerechtigkeit nicht auf innerstaatliche Verhältnisse beschränkt werden kann. Dies wäre noch nicht einmal dann der Fall, wenn sämtliche Staaten intern adäquat eingerichtet wären (was sie natürlich *de facto* nicht sind) – mindestens hinsichtlich der Verteilungsgerechtigkeit wäre eine Lücke zu schließen, denn die Lebensaussichten von Menschen wären dennoch je nach ökonomischer Situation der Heimatländer von Ungleichheit geprägt. Auch Gerechtigkeit gegenüber zukünftigen Generationen dürfte auf innerstaatlicher Ebene kaum herzustellen sein, da Umweltverschmutzung und Ressourcenverbrauch globale Probleme sind. Folglich ist es klar, dass die Realisierung von Gerechtigkeit internationale Bemühungen erfordert. Einige Länder müssen unterstützt werden, damit sie für gerechte Verhältnisse sorgen können, andere müssen durch internationalen Druck dazu gebracht werden, politisch-moralische Mindeststandards zu etablieren und einzuhalten.[222] Aus Gerechtigkeitsgründen ist ein Engagement – und wohl auch ein Verzicht – der wohlhabenden Länder zugunsten der ärmeren Regionen der Welt gefordert. Wie weit dieses Engagement gehen muss, ist kontrovers, aber zumindest die Gewährleistung basaler sozialer Rechte, wie sie in der Menschenrechtserklärung der Vereinten Nationen formuliert sind, fällt auch andernorts mit in den Aufgabenbereich wohlhabender Staaten, sofern ärmere Länder dazu nicht aus eigener Kraft in der Lage sind.[223]

Und auch wenn die Meinung begründet sein sollte, dass ärmere Staaten durchaus selbst dafür sorgen könnten, dass es ihren Bewohnern hinreichend gut geht, sind wir als (Bürger) wohlhabende(r) Staaten nicht unbedingt aus der Verantwortung entlassen: die gerechtigkeitsbezogenen Ansprüche sind Individualansprüche, nicht staatliche Ansprüche. Auch wenn ein Staat keine Unterstützung verdient, verdienen seine Einwohner diese oft durchaus.

Hier ist ein Punkt der Argumentation erreicht, der erheblichen Zündstoff birgt: Kann es gerechtfertigt oder gar verpflichtend sein, sich über eine existierende Regierung hinwegzusetzen und im Interesse der ihr unterworfenen Menschen von außen aktiv zu werden? Dürfen oder sollten Staaten sich in dieser Weise in die Angelegenheiten anderer Länder einmischen?

Meines Erachtens ist dies eindeutig zu bejahen. Humanitäre Interventionen zugunsten gefährdeter Menschen, wie sie mittlerweile von den Vereinten Nationen anerkannt werden, sind prinzipiell zulässig, wenn nicht gar unter Umständen geboten. Dies gilt nicht nur im Falle von Unterdrückungsregimen, sondern ebenso für versagende Staaten, und der Anlass kann auch nicht auf die klassischen Menschenrechte eingeschränkt werden – die Nichteinhaltung sozialer (oder ökonomischer) Grundrechte kann eine Einmischung in die Angelegenheit eines anderen Staates ebenso legitimieren.

Dass diese Art der Intervention prinzipiell gerechtfertigt ist, bedeutet natürlich nicht, dass sie in jedem Fall durchgeführt werden sollte. Opfer, Kosten und Risiken können zu hoch sein (insbesondere bei militärischen Interventionen), als dass sich der Einsatz rechtfertigen ließe. In manchen Fällen wäre es aus pragmatischen Gründen irrational zu intervenieren, weil die Bevölkerung eines Landes eine solche Maßnahme nicht akzeptieren würde und eine politische Verbesserung realistisch nicht zu erreichen ist. Möglicherweise gibt es außer Interventionen auch andere Handlungsoptionen mit besseren Bilanzen. Dies müsste im Einzelfall geprüft werden. Grundsätzlich könnte man sogar vermuten, dass sich militärische Interventionen *de facto* nicht rechtfertigen lassen, weil man mit dem Geld, das für sie aufgewendet werden muss, viel mehr Notleidende durch Hilfsleistungen unterstützen kann (vgl. Pfannkuche 2002). Da wir gesehen haben, dass es auch soziale (oder ökonomische) Grundrechte gibt, muss diese Handlungsalternative in der Tat in Erwägung gezogen werden. Aber ganz so einfach kann man sich die moralische Abwägung vielleicht doch nicht machen – es ist ja denkbar und nicht unrealistisch, dass die für die Notleidenden eines Landes gedachten Gelder versickern würden, wenn nicht zugleich das Regime ausgetauscht wird. Eine Kombination von militärischem Einsatz und anschließender Aufbauhilfe könnte durchaus in manchen Situationen eine moralisch adäquate Strategie sein.[224]

Von solchen harten Entscheidungen abgesehen, können und sollten Notlagen im Allgemeinen durch Absprachen wohlhabender Staaten über das nötige (finanzielle) Engagement behoben werden.[225] Das Völkerrecht scheint mit dem in der Menschenrechtserklärung der Vereinten Nationen ausgedrückten, recht umfassenden Verständnis von Rechten die wesentlich geforderten Elemente der Gerechtigkeit zu enthalten, auch wenn der distributive Aspekt stärker betont werden sollte. Hier besteht die politische Aufgabe vor allem darin, die Verbindlichkeit und Durchsetzungskraft des Völkerrechts zu stärken.

Die Ergebnisse dieses Kapitel zusammenfassend lässt sich sagen, dass die Herstellung von Gerechtigkeit in weiten Teilen eine politische Aufgabe ist, die über Staatsgrenzen hinweg geleistet werden muss. Hinsichtlich der Verteilungsgerechtigkeit gilt: Mindestens eine soziale Grundsicherung sollte in Form von (auch juri-dischen) Rechten global garantiert werden. Ob darüber hinausgehende Umver-teilungen verpflichtend sind, dürfte kontrovers sein; sie sind in jedem Falle mit anderen moralisch relevanten Gesichtspunkten abzuwägen. Diese Frage ist, ebenso wie die nach der genauen Ausformulierung der Rechtsansprüche, in einem politischen Prozess zu klären und zu beantworten.

Der Abschluss der Untersuchung mag (wie auch schon das vorangegangene Kapitel) argumentativ etwas unbefriedigend erscheinen, da die Konflikte zwi-schen Gerechtigkeit und Effizienz nicht gelöst, sondern weitgehend der politi-schen Aushandlung überlassen werden. Aber ich denke, es ist wichtig, die rele-vanten normativen Gesichtspunkte voneinander zu unterscheiden, zunächst einmal jedes Problemfeld einzeln zu klären und zu prüfen, wie weit man jeweils mit Argumenten gelangt. Das sollte dieses Buch hinsichtlich der Gerechtigkeit (für sich genommen) leisten. Ein Vorteil dieses Vorgehens lässt sich erkennen: Es hat sich insbesondere herausgestellt, dass die etablierten Moraltheorien nicht in der Lage waren, Gerechtigkeitsaspekte angemessen zu berücksichtigen. Dass weiterhin Fragen nicht gänzlich beantwortet sind, vor allem die nach der Rele-vanz der Gerechtigkeit für die Moral, sollte eher als ein Ansporn gesehen werden, sich weiter mit dem Problemfeld zu beschäftigen.

Als wichtigste inhaltliche Ergebnisse dieser Studie lassen sich die folgen-den festhalten: Distributive Gerechtigkeit ist nicht zufällig, sondern aus guten Gründen das Paradigma für Gerechtigkeit geworden. Es lässt sich durchaus sagen, worin Verteilungsgerechtigkeit aus unserer Sicht prinzipiell besteht – in der Her-stellung gleicher Aussichten aller Menschen auf ein gutes Leben. Dies ist aller-dings ein sehr anspruchsvolles Ziel, vor allem wenn man sich klarmacht, dass Gerechtigkeit nicht auf die hier und jetzt lebenden Menschen eingegrenzt werden kann. Dass Gerechtigkeit unter diesen Voraussetzungen nicht immer der aus-schlaggebende moralische Gesichtspunkt sein kann, dürfte auf der Hand liegen. Insofern kann eine vertretbare Politik auch nicht ausschließlich auf Gerechtigkeit ausgerichtet sein, obwohl letztere einen hohen Stellenwert einnimmt.

Anhang

John Rawls' Gerechtigkeitstheorie*

Rawls als einflussreichster Gerechtigkeitstheoretiker der neuesten Zeit wurde im Laufe des Buches immer wieder (zumeist kritisch) erwähnt. Ich möchte die wichtigsten Punkte zu seiner Konzeption für interessierte Leser noch einmal im Zusammenhang darstellen, ergänzt um einige Aspekte, die bisher nicht erwähnt wurden. Natürlich ließe sich zu Rawls mehr sagen, als ich es in diesem Anhang tun kann; dafür sei auf die umfangreiche Literatur zu seiner Konzeption verwiesen.[226]

Rawls versteht Gerechtigkeit als eine primär politische Angelegenheit. Seine Theorie ist ein Versuch, wohldurchdachte Gerechtigkeitsurteile zu systematisieren und gegebenenfalls zu korrigieren. Konkrete Überzeugungen und theoretische Überlegungen sollen in der Weise in ein „Überlegungsgleichgewicht" gebracht werden, dass sich durch eine wechselseitige Korrektur normativer Prinzipien, allgemeiner ethischer Voraussetzungen und wohlerwogener Einzelurteile schließlich eine kohärente Theorie ergibt. Neben egalitären und freiheitlichen Elementen findet auch das Prinzip der allgemeinen Besserstellung in Rawls' Theorie seinen Niederschlag; es wird von ihm also unter Gerechtigkeit gefasst.[227] Rawls kommt allerdings zu dem Ergebnis, dass letztlich weitgehend egalitäre Grundsätze das Ergebnis einer plausiblen Gerechtigkeitstheorie sein würden.

Insbesondere versucht Rawls zu explizieren, wie eine faire Wahl von Gerechtigkeitsprinzipien aussehen könnte. Der Gedanke der Fairness wird in seiner Theorie dadurch eingeholt, dass die Individuen in der Situation, in der sie über die Prinzipien entscheiden, ihre Ausgangsposition nicht kennen.

Rawls hat seinen Ansatz zwar wiederholt modifiziert, die inhaltliche Theorie ist dabei allerdings nicht wesentlich geändert worden (vgl. Rawls 1998, 40). Der Hauptunterschied der späteren Konzeption des „Politischen Liberalismus" besteht darin, dass Rawls eine noch dezidierter politische Theorie entwickeln will, die stärker, als es in „Eine Theorie der Gerechtigkeit" der Fall war, von umfassenden moralischen Theorien abgehoben werden soll. Die Personen sollen auch bei unterschiedlichen ethischen Vorstellungen einen übergreifenden

---

* Der folgende Anhang zu Rawls basiert auf meiner Darstellung in: Stephan Schlothfeldt, Erwerbsarbeitslosigkeit als sozialethisches Problem. Praktische Philosophie Bd. 62, hrsg. von Günther Bien © Verlag Karl Alber in der Verlag Herder GmbH, Freiburg i. Br. 1999, S. 116–130.

Konsens bezüglich der politischen Gerechtigkeit erreichen können; dementsprechend werden die Kernbegriffe der Gerechtigkeitstheorie politisch gedeutet.[228]

Ich werde mich hier weitgehend auf die ältere Fassung der Theorie (Rawls 1975) stützen, die nicht nur prominenter ist, sondern die vor allem die Verteidigung konkreter Gerechtigkeitsprinzipien (sowie ihre Anwendung auf politische Belange) in den Mittelpunkt stellt und die daher für die Themenstellung dieses Bandes interessanter ist. Relevant ist dabei vor allem der erste Teil des dreiteiligen Werkes, in dem die theoretischen Grundlagen behandelt werden. Der zweite Teil von „Eine Theorie der Gerechtigkeit", der Vorschläge zur politischen Umsetzung beinhaltet, soll nur knapp zur Sprache kommen. Den dritten Teil, der die Realisierbarkeit und die Stabilität der Konzeption behandelt, werde ich vollends auslassen, da er weit in empirische Fragen hineinreicht und von Rawls in den anschließenden Schriften revidiert wurde.[229] An dessen Stelle soll ein kurzer Blick auf die späteren Entwicklungen der rawlsianischen Theorie treten. Nach der Darstellung der Gerechtigkeitstheorie von Rawls werde ich einige Kritikpunkte ausführen, die mir für unsere Belange besonders wichtig erscheinen.

1 Darstellung der rawlsianischen Gerechtigkeitskonzeption

Rawls geht im ersten Teil von „Eine Theorie der Gerechtigkeit" von der These aus, dass es die primäre Aufgabe einer politischen Theorie ist, Gerechtigkeitsprinzipien zu begründen (genauer gesagt geht es um Grundsätze der Verteilungsgerechtigkeit). Dabei stellt sich das Problem der Gerechtigkeit für Rawls wie folgt dar: Eine Gesellschaft ist ihm zufolge ein kooperatives Unternehmen zum Wohl der Gesellschaftsmitglieder. Allerdings entstünden Konflikte über die gemeinsam produzierten Güter: Diese Güter seien knapp, und die Menschen hätten unterschiedliche Vorstellungen davon, wie sie verwendet werden sollten (vgl. Rawls 1975, 20). Es stelle sich also die Frage, welche Verteilung der Güter gerecht ist.

Insbesondere die *Grundstruktur* der Gesellschaft, zu der Rawls die Verfassung sowie die wichtigsten ökonomischen und sozialen Verhältnisse zählt, sei für Gerechtigkeit ausschlaggebend, da sie die Lebenschancen der Personen maßgeblich bestimme (vgl. a.a.O., 23). Es geht Rawls folglich darum (und ausschließlich darum), Prinzipien für eine gerechte gesellschaftliche Grundstruktur zu formulieren und zu rechtfertigen. Verteilungsgerechtigkeit wird von ihm von vornherein als soziale Gerechtigkeit konzipiert.[230]

Rawls gibt zur Lösung der gestellten Aufgabe zunächst Bedingungen einer fairen Wahl von Gerechtigkeitsgrundsätzen an. Allgemein wird Fairness von ihm dadurch charakterisiert, dass niemand die Prinzipien auf seine natürliche Ausstattung und seine soziale Position oder auch seine speziellen Vorlieben zuschneiden können soll. Um dies zu gewährleisten, führt Rawls ein theoretisches Konstrukt ein, den „Schleier des Nichtwissens": Dieser verdeckt in der Entscheidungssituation Informationen über die jeweilige soziale Stellung und Herkunft, über die natürlichen Voraussetzungen und Begabungen sowie auch über die spezifischen Lebenspläne und Zielvorstellungen der Beteiligten (vgl. a.a.O., 29).[231] Die Verteilungsprinzipien wählen die Personen also, indem sie sich vorstellen, sie hätten in diesen Hinsichten keine Kenntnis ihrer Ausgangsposition.

Die Entscheidungssituation muss allerdings genauer bestimmt werden, denn es ist nicht klar, worauf sich die Individuen bei der Wahl der Grundsätze stützen sollen, wenn ihnen weder ihre Wünsche noch ihre Ausgangslage bekannt sind. Rawls geht davon aus, dass die Personen insbesondere ein Interesse daran haben, einen selbstgewählten vernünftigen Lebensplan verfolgen zu können. Hinter dem Schleier des Nichtwissens kennen sie zwar nicht ihren spezifischen Lebensplan, wissen aber, dass sie eine solche Zielvorstellung haben. Um diesen Plan zu realisieren, benötigen sie allgemeine Mittel und Voraussetzungen, die Rawls als „Grundgüter" bezeichnet. Er definiert Grundgüter als Dinge, die man braucht, unabhängig davon wie der jeweilige Lebensplan gestaltet ist (vgl. a.a.O., 83 und 112). Inwieweit Personen über solche Güter verfügen, bestimmt wesentlich ihre Aussichten, ihren Lebensplan verwirklichen zu können; daher möchten sie von den Grundgütern lieber mehr als weniger besitzen (vgl. a.a.O., 112 und 166). Die Verteilung einiger Grundgüter wird direkt durch die gesellschaftliche Grundstruktur bestimmt. Rawls nennt diese *soziale* Grundgüter und zählt dazu zunächst Rechte und Freiheiten, aber auch soziale Chancen und nicht zuletzt die finanzielle Ausstattung (vgl. a.a.O., 83). In späteren Abschnitten des Buches wird diese Liste noch um die (gesellschaftlichen Grundlagen der) Selbstachtung erweitert (vgl. a.a.O., 479).[232]

Bekannt ist den Personen hinter dem Schleier des Nichtwissens, dass mäßige Knappheit der Grundgüter und Interessenkonflikte über ihre Verteilung vorliegen. Sie kennen zudem allgemeine gesellschaftliche, ökonomische und psychologische Sachverhalte. Es wird vorausgesetzt, dass die Individuen gegenseitig desinteressiert sind und dass sie sich für Prinzipien entscheiden, die in ihrem langfristigen vernünftigen Eigeninteresse liegen. Als zusätzliche Vereinfachung geht Rawls davon aus, dass die an der Wahl beteiligten Individuen unterschiedliche sozio-ökonomische Gruppen repräsentieren (vgl. a.a.O., 154 ff.).

Rawls stellt eine Liste bekannter Gerechtigkeitsprinzipien auf, zwischen denen die Personen hinter dem Schleier des Nichtwissens wählen können. Insbesondere werden utilitaristische Grundsätze erwogen (Gesamt- und Durchschnittsnutzenmaximierung) sowie Mischprinzipien, in denen die Maximierung des (Durchschnitts)nutzens durch Freiheitsrechte, ein garantiertes Existenzminimum oder eine begrenzte Streuung der Einkommen eingeschränkt wird (vgl.

a.a.O., 146f.).[233] Rawls versucht allerdings zu zeigen, dass die Individuen ein Prinzip vorziehen würden, das vorschreibt, die Aussichten der am schlechtesten gestellten Personen(gruppe) zu maximieren. Dies ergibt sich für ihn daraus, dass die Repräsentanten kein Risiko eingehen würden, wenn es um elementare Voraussetzungen für die Realisierung von Lebensplänen gehe. Der mögliche zusätzliche Gewinn an Grundgütern sei ihnen nicht so wichtig wie die Absicherung gegen einen gravierenden Mangel. Daher würden sich die Individuen möglichst viel an Grundgütern für den schlechtmöglichsten Fall sichern. Die Gewährleistung der Grundfreiheiten habe dabei besondere Priorität, weil dies die elementarste Voraussetzung für die Realisierung von Lebensplänen darstelle. Wichtige Freiheiten würden die Individuen nicht um ökonomischer Gewinne willen opfern wollen. Gegenüber einer finanziellen Besserstellung seien auch die Zugangschancen zu ausgezeichneten sozialen Positionen bevorzugt zu sichern, da mit ihnen nicht nur ökonomische Vorteile, sondern auch Status, Macht sowie Möglichkeiten der Selbstverwirklichung verbunden seien.

Wenn die bestmögliche Ausstattung der am schlechtesten gestellten repräsentativen Person gewährleistet werden soll, ist eine Ungleichverteilung der Grundfreiheiten und der Zugangschancen zu Positionen ausgeschlossen. Dies muss aber für ökonomische Grundgüter wie Einkommen und Vermögen nicht unbedingt gelten: Eventuell ist es möglich, durch Ungleichheiten eine Effizienzsteigerung zu erreichen, von der auch die Schlechtestgestellten profitieren.[234] Die Individuen würden dies laut Rawls hinter dem Schleier des Nichtwissens unter gewissen Bedingungen vorziehen. Da sie voraussetzungsgemäß gegenseitig desinteressiert sind und insbesondere keinen Neid empfinden, zählt für sie nur die absolute Güterausstattung. Hinsichtlich ihrer Einkommensaussichten würden die Personen das sogenannte *Differenzprinzip* wählen, das ökonomische Ungleichheiten dann (und nur dann) erlaubt, wenn sie der Gruppe der Schlechtestgestellten maximal zugutekommen.[235]

Im Sinne des Überlegungsgleichgewichts versucht Rawls plausibel zu machen, dass die aus den Bedingungen der Wahlsituation gefolgerten Prinzipien – Priorität von Grundfreiheiten und Zugangschancen, prinzipielle Gleichverteilung und vorrangige Orientierung an der Ausstattung der Schlechtestgestellten – wohlerwogenen moralischen Urteilen entsprechen:

Elementare Rechte wie die Gewissensfreiheit oder die Unversehrtheit der Person[236] würden wir auch intuitiv für normativ gewichtiger halten als ein höheres Einkommen. Eine Beschränkung des fairen Zugangs zu Ämtern und sozialen Positionen würden die Benachteiligten (ebenfalls) als gravierende Ungerechtigkeit ansehen. Voraussetzung für die Priorität der Freiheiten und Rechte ist in der rawlsianischen Theorie allerdings, dass das Existenzminimum gesichert ist. Wenn die Grundfreiheiten eingeschränkt werden müssen, um Katastrophen zu verhindern, bleibt es das vordringliche Ziel, die Freiheiten zukünftig (wieder) gewährleisten zu können (vgl. a.a.O., 175 ff.).

Dass die Gleichverteilung prinzipiell den Ausgangspunkt für die Verteilung materieller Ressourcen bildet, entspricht nach Rawls der Gerechtigkeitsintuition, dass unverdiente natürliche und soziale Vor- oder Nachteile nicht die Aussichten der Personen beeinflussen sollten (vgl. a.a.O., 121 ff.).

Und die Interessen der Schlechtestgestellten seien, wenn es um Abweichungen von der Gleichheit geht, offenbar in besonderem Maße zu berücksichtigen; sie genießen nach Rawls' Einschätzung sogar absoluten Vorrang.[237] Dass es letztlich reicht, die ökonomischen und sozialen Aussichten dieser Gruppe zu betrachten, ergibt sich aus einer *empirischen* Prämisse. Rawls geht davon aus, dass eine Verkettung der sozialen Positionen vorliegt: Wenn eine Bevorzugung der besser ausgestatteten Individuen für die Schlechtestgestellten von Vorteil ist, würden auch alle dazwischenliegenden Positionen von der Ungleichheit profitieren.

Aus diesen Überlegungen ergeben sich für Rawls zwei Gerechtigkeitsgrundsätze, die die Grundstruktur der Gesellschaft regulieren sollen: Im ersten Grundsatz wird festgehalten, dass die Grundfreiheiten und Grundrechte für alle gesichert sein müssen. Der zweite Grundsatz fordert einerseits faire Chancengleichheit beim Zugang zu sozialen Positionen und hält andererseits fest, dass ökonomische Ungleichheiten nur gerechtfertigt sind, wenn sie den Schlechtestgestellten so weit wie möglich zugutekommen.[238]

Der erste Grundsatz hat dabei Vorrang vor dem zweiten: Freiheiten dürfen nur um anderer Freiheiten willen eingeschränkt werden, nicht um (allgemeine) soziale oder materielle Vorteile zu erzielen. Auch die faire Chancengleichheit darf nicht aus dem Grund beschränkt werden, dass eine ökonomische Besserstellung von Personen erreicht werden soll. *Faire* Chancengleichheit heißt im Übrigen, dass nicht nur ein gleiches Recht besteht, privilegierte gesellschaftliche Positionen zu erreichen, sondern dass darüber hinaus gleich begabte und motivierte Personen ähnliche Ausgangsbedingungen vorfinden sollen.[239]

Im zweiten Teil von „Eine Theorie der Gerechtigkeit" werden die Gerechtigkeitsgrundsätze durch in der Verfassung verankerte freiheitliche Grundrechte und eine Sozialgesetzgebung konkretisiert. Der Schleier des Nichtwissens wird dabei schrittweise gelüftet. Zunächst werden wichtige Tatsachen über die Gesellschaft (wie die verfügbaren Ressourcen und der Entwicklungsstand) aufgedeckt, deren Kenntnis nötig ist, um über eine Verfassung zu entscheiden und Gesetze zu beschließen. Für spezielle politische Entscheidungen sowie die Rechtsanwendung durch Verwaltung und Justiz sind alle relevanten Tatsachen bekannt. Die Gerechtigkeitsgrundsätze sind für alle Ebenen verbindlich, die Verfassung für die Gesetzgebung und die Gesetzgebung für die Entscheidung von Einzelfällen.[240]

Auf konkrete Details des von Rawls angedachten politischen Systems muss ich in diesem Rahmen nicht eingehen.

Hinsichtlich der Realisierbarkeit und der Stabilität seiner Konzeption, die im dritten Teil von „Eine Theorie der Gerechtigkeit" noch im Wesentlichen moral-psychologisch beantwortet wurde, betont Rawls wie gesagt in den späteren Schriften, dass seine Theorie nicht als umfassende Morallehre aufgefasst werden sollte, sondern als dezidiert *politische* Konzeption. Die Gerechtigkeitsgrundsätze sollen auch dann für alle akzeptabel sein, wenn in sonstigen ethischen Fragen Differenzen vorliegen. Rawls stellt dazu die folgende Überlegung an: Umfassende Konzeptionen des Guten[241] mögen vielleicht richtig oder falsch sein, aber man ist im Allgemeinen nicht in der Lage, diese Frage intersubjektiv zu entscheiden. Die „Bürden der Vernunft" führen dazu, dass es hier „vernünftige Meinungsverschie-denheiten" geben kann. Politische Gerechtigkeitskonzeptionen vermeiden solche Kontroversen. Insbesondere beanspruchen sie nicht wahr zu sein, sondern sie sollen, wie Rawls sich ausdrückt, öffentlich gerechtfertigt werden können.

Im Mittelpunkt einer vertretbaren politischen Konzeption stehen die politi-schen und persönlichen Freiheiten: Diese sind insofern elementar, als es ange-sichts der verschiedenartigen umfassenden Konzeptionen des Guten fatal wäre, wenn manche dieser Vorstellungen unterdrückt würden.[242] Rawls geht davon aus, dass die Grundfreiheiten Gegenstand eines „übergreifenden Konsenses" sein können. Der übergreifende Konsens ist kein *modus vivendi* oder Kompromiss, sondern eine von allen geteilte, effektiv wirksame Überzeugung hinsichtlich der politischen Gerechtigkeit. Das Differenzprinzip ist hingegen nicht Gegenstand des übergreifenden Konsenses, weil es zu umstritten erscheint. Es wird von Rawls selbst zwar nicht aufgegeben, aber für liberale Gesellschaften zur Disposition gestellt. Im Übrigen hat es regulativen Charakter; es gibt eine Zielvorstellung oder einen Maßstab für die konkreten Sozialgesetze an.

Rawls macht auch deutlich, dass die Rechtfertigung der Gerechtigkeits-grundsätze gegenüber *politischen* Personen, also Bürgern, erfolgen muss, die sich gegenseitig als frei und gleich anerkennen. Die Personen haben eine Befä-higung und ein höchstrangiges Interesse, zum einen eine Konzeption des Guten auszubilden, zum anderen einen Gerechtigkeitssinn zu entwickeln.[243] Es wird insbesondere vorausgesetzt, dass die Personen bereit sind, ihre umfassende Kon-zeption des Guten an die Erfordernisse der Gerechtigkeit anzupassen. Ungerechte Lebenspläne sind von vornherein ausgeschlossen. Auch die Idee der Grundgüter wird in dieser Hinsicht modifiziert: Entscheidend ist nicht mehr die allgemeine Nützlichkeit der Güter für beliebige Lebenspläne, sondern dass sie zur Realisie-rung der beiden höchstrangigen Interessen benötigt werden.

2 Kritische Punkte

Was ist von Rawls' Gerechtigkeitstheorie vor dem Hintergrund der Ergebnisse unserer Untersuchung zu halten? Sicherlich handelt es sich um einen beeindruckenden Entwurf – insbesondere auch angesichts dessen, dass Rawls dem seinerzeit im angelsächsischen Raum dominierenden Utilitarismus eine Alternative gegenübergestellt und damit Gerechtigkeit wieder in den Fokus der politisch-moralischen Debatte gerückt hat. Dennoch halte ich Rawls' Überlegungen zur Gerechtigkeit in einigen Punkten nicht für überzeugend, und zwar sowohl hinsichtlich seines grundsätzlichen Verständnisses von Gerechtigkeit als auch hinsichtlich der von ihm vertretenen inhaltlichen Prinzipien.

Die wichtigsten grundsätzlichen Bedenken, die nicht zuletzt dazu geführt haben, dass sich Rawls in den Argumentationsgang dieses Buches nicht gut einordnen ließ, sind bereits mehrfach angeklungen: Zum einen untersucht Rawls Gerechtigkeit als politische, nicht als moralische Kategorie und schränkt die Perspektive damit erheblich ein. Genauer geht es sogar nur um Fragen der Verteilungsgerechtigkeit, und auch das nur im innerstaatlichen Rahmen. Zum anderen umfasst Gerechtigkeit bei Rawls auch das Paretoprinzip, einen normativen Gesichtspunkt, der von Gerechtigkeit zu unterscheiden ist.

Ginge es jedoch nur um diese generellen Differenzen, könnte Rawls' Theorie immer noch in manchen Hinsichten überzeugend sein – sie wäre dann zu lesen als ein Vorschlag auf der Ebene abschließender normativ-politischer Urteile über auch nach unserer Auffassung zentrale Verteilungsfragen (vgl. Kapitel 13).

Aber selbst unter dieser eingeschränkten Perspektive weist Rawls' Konzeption Schwächen auf, die im Folgenden etwas detaillierter besprochen werden sollen. Ich werde dabei zunächst auf die normativen Voraussetzungen und Ergebnisse der Theorie eingehen, dann die von Rawls vertretene Axiologie problematisieren und schließlich kurz auf die politische Dimension der Konzeption zu sprechen kommen.

Rawls geht von derselben Einsicht aus, die auch ein Resultat meiner Diskussion differierender normativer Ansätze war: Es gibt konfligierende moralische Überzeugungen, die gegeneinander abgewogen und möglichst systematisch verbunden werden müssen. Um eine solche Abwägung durchführen zu können, erscheint es sinnvoll, einen fairen Standpunkt zu formulieren. Man würde erwarten, dass der „Schleier des Nichtwissens" Bedingungen einer fairen Wahl angeben soll. Offenbar sind die Voraussetzungen, die ausschließen sollen, dass die Individuen die gewählten Grundsätze auf ihre Verhältnisse und Vorlieben zuschneiden können, auch entsprechend zu verstehen. Soweit ist Rawls' methodisches Vorgehen plausibel.[244]

Rawls führt jedoch darüber hinaus spezielle Prämissen ein, die die Wahl der Gerechtigkeitsgrundsätze weitgehend festlegen. Insbesondere zu nennen sind die Risikoscheu und die Neidfreiheit: Aus diesen Voraussetzungen folgt (mehr oder weniger unmittelbar) Rawls' normative Konzeption. Der „Schleier" hat demnach keine zusätzliche begründende Funktion, sondern er dient vor allem der Systematisierung normativer Überzeugungen.[245] Im Sinne von Rawls entspricht er der Idee des Überlegungsgleichgewichts: Auf der einen Seite stehen konkrete moralische Urteile, auf der anderen plausible Bedingungen einer fairen Wahl; Überzeugungen und allgemeine ethische Voraussetzungen werden so lange modifiziert, bis sich eine kohärente Theorie ergibt.

Es ist angesichts dieser Analyse natürlich fraglich, ob die rawlsianische Theorie epochen- und gesellschaftsübergreifende Gültigkeit beanspruchen kann. Da Rawls sich in späteren Schriften explizit darauf beschränkt, eine Systematisierung *westlicher moderner* Gerechtigkeitsüberzeugungen leisten zu wollen, stellt das jedoch kein Problem mehr dar. Unklar ist aber auch, ob die von Rawls vertretenen Prinzipien in diesem begrenzten Anwendungsbereich allgemeine Zustimmung finden können. Der egalitäre Zug seiner Theorie ist zwar prinzipiell durchaus plausibel, wie wir in Kapitel 10 dieses Buches gesehen haben, aber das von Rawls formulierte Differenzprinzip geht womöglich weiter, als sich überzeugend vertreten lässt. Nicht zufällig hat Rawls in den neueren Veröffentlichungen das Differenzprinzip nicht zum Gegenstand eines übergreifenden Konsenses erklärt. Rawls hat das Differenzprinzip jedoch auch nicht revidiert; daher soll es im Folgenden geprüft werden.

Wie sieht es zunächst mit der Gleichverteilung aus, die den Bezugspunkt für die im Differenzprinzip vorgesehene allgemeine Besserstellung bildet? Rawls' intuitive Plausibilisierung beruft sich vor allem darauf, dass es gerecht erscheint, unverdiente Benachteiligungen auszugleichen. Das leuchtet zwar ein, aber unter dieser Perspektive ist es nicht unproblematisch, die Honorierung besonderer Leistungen grundsätzlich nur dann zuzulassen, wenn dies den Schlechtestgestellten zugutekommt: Ungleichheiten können nicht nur aus Benachteiligungen, sondern auch aus selbst zu verantwortenden Entscheidungen hervorgehen. Es sollte vielleicht eine Möglichkeit geben, einen hohen Aufwand anders zu entlohnen als einen niedrigen; ansonsten werden Personen, die weniger leisten *wollen*, von anderen subventioniert.[246] Wie wir in Abschnitt 8.3 gesehen haben, gilt dies auch dann, wenn man dem Verdienstprinzip skeptisch gegenübersteht; es handelt sich hier schlicht um eine Kompensation für eine (durch den besonderen Aufwand bedingte) Schlechterstellung.

Zudem folgt speziell das Differenzprinzip hinter dem „Schleier des Nichtwissens" nur unter höchst problematischen und artifiziellen Annahmen. Es muss insbesondere vorausgesetzt werden, dass die Individuen extrem risikoscheu sind und dass sie eine eigenwillige individuelle Nutzenfunktion haben: jeder mögliche Gewinn oberhalb des durch die Maximierung des Minimums garantierten Einkommens muss ihnen nahezu gleichgültig sein. Dass dies die typische Einstellung von Personen widerspiegelt, erscheint fragwürdig.

Auf der intuitiven Ebene korrespondiert diesem Befund das Problem, dass das Differenzprinzip als abschließender normativer Grundsatz unter Umständen zu große Opfer von den Bessergestellten zugunsten der Schlechtestgestellten fordert (vgl. Abschnitt 12.2). Als reiner Gerechtigkeitsgrundsatz fordert es hingegen zu wenig, denn wie in unserer Diskussion von (auf Anreize bezogenen) Paretoverbesserungen deutlich wurde, möchte man sicher nicht sagen, dass es gerecht ist, wenn Menschen aufgrund ihrer besonderen Begabungen besser wegkommen als andere (vgl. Abschnitt 10.3). Als abschließendes moralisches Urteil erscheint mir eine Position wie die von Parfit, die den Konflikt zwischen Gleichheit und Effizienz dahingehend auflöst, dass die Schlechtgestellten nicht absolut, sondern relativ gesehen stärker zählen, deutlich überzeugender als Rawls' Differenzprinzip (vgl. die Abschnitte 4.3 und 12.2).

Kommen wir nun auf Rawls' axiologische Prämissen zu sprechen: Die von ihm entwickelte Gerechtigkeitstheorie stützt sich wesentlich auf das Konzept der Grundgüter, und zwar genauer auf die sogenannten sozialen Grundgüter. Es gibt aber weitere wichtige Voraussetzungen und Mittel für die Realisierung selbstgewählter Lebenspläne. Rawls benennt selbst „Gesundheit und Lebenskraft, Intelligenz und Phantasie" (Rawls 1975, 83), die jedoch in seiner Theorie keine Rolle spielen. Es ist nun zwar richtig, dass diese „natürlichen" Grundgüter nicht unmittelbar durch die Gesellschaft vergeben werden; aber zum Beispiel werden Phantasie und Intelligenz je nach den sozialen Umständen unterschiedlich entwickelt, und auch die Gesundheit hängt von sozialen Bedingungen ab. Es ist unplausibel, dass solche Grundgüter in einer normativen politischen Theorie nicht zu berücksichtigen sind. Insbesondere gilt das im Rahmen einer weitgehend egalitären Konzeption, die prinzipiell sogar fordert, dass soziale und natürliche Vorteile die Lebensaussichten nicht beeinflussen sollen. Rawls klammert dies in seiner Gerechtigkeitstheorie einfach aus, denn er geht von Personen aus, deren Fähigkeiten normal entwickelt sind.[247] Damit folgt Rawls (auch wenn er es nicht intendiert) *de facto* dem fragwürdigen Prinzip, dass soziale Benachteiligungen kompensiert werden, natürliche Nachteile hingegen für die Verteilung lediglich indifferent sind. Die in der Debatte zu „equality of what?" entwickelten Vorschläge von Dworkin, Arneson und Cohen sind Rawls' Konzeption in dieser Hinsicht deutlich überlegen, selbst wenn von ihnen vielleicht noch keine letztlich überzeugende Axiologie vorgelegt wurde (vgl. Abschnitt 10.2).

Auch die von Rawls vorgeschlagene Gewichtung der Grundgüter ist problematisch: Unterschiedliche Lebenspläne könnten einzelne Grundgüter in unterschiedlichem Maße erfordern. Insbesondere dürfte es nicht richtig sein, dass (selbst unter günstigen Umständen) von niemandem Freiheitsbeschränkungen in Kauf genommen werden würden, um ökonomische oder soziale Vorteile zu erlangen.

Rawls selbst hat, wie oben deutlich wurde, in späteren Arbeiten auf diese Kritik reagiert, indem er den Bezugspunkt seiner Grundgüterkonzeption modifiziert hat. Insbesondere wird davon ausgegangen, dass die Personen ein höchstrangiges Interesse daran haben, eine umfassende Konzeption des Guten zu entwickeln und zu verfolgen, die mit den Gerechtigkeitsprinzipien nicht in Konflikt gerät. Vielleicht lässt sich auf diese Weise der Vorrang der Grundfreiheiten (zumindest unter günstigen ökonomischen Umständen) plausibel machen, aber es wird dabei ein nicht selbstverständliches Selbstbild in Anspruch genommen. Rawls setzt dies zwar nur für die (idealisierte) politische Person voraus, doch einmal abgesehen von der damit einhergehenden Einschränkung der Gerechtigkeitsproblematik auf politische Kontexte – wie lässt sich eine solche Festlegung begründen, wenn nicht auch ein entsprechendes Interesse *tatsächlicher* Personen vorliegt?

Aus der axiologischen Entscheidung für (lebensplanrelevante) Grundgüter folgt insbesondere auch, dass das Wohlergehen in der rawlsianischen Theorie höchstens eine mittelbare Rolle spielt, insofern es die Ausführung von Lebensplänen beeinflussen kann. Das erscheint jedoch als eine systematische Unterbestimmung angesichts der Tatsache, dass Personen ihr Wohlergehen eminent wichtig nehmen. Die Axiologie muss also mit Sicherheit komplexer gestaltet werden, um überzeugend zu sein. Rawls hat hier keine überzeugende einfache Lösung zur Hand, während Cohen und Arneson die Schwierigkeiten zumindest sehen (vgl. wiederum Abschnitt 10.2).

Abschließend möchte ich noch zwei kurze kritische Bemerkungen zu Rawls' politischen Vorschlägen machen: Erstens erscheint es (gerade angesichts der Tatsache, dass dem Differenzprinzip nur eine regulative Funktion zukommt) problematisch, dass Rawls eine grundrechtliche Absicherung ausschließlich für die persönlichen und politischen Freiheiten fordert. Es wäre als Schutz gegen eine ungerechte Gesetzgebung zumindest sehr naheliegend, elementare soziale und ökonomische Rechte in der Verfassung zu verankern. Insbesondere könnten hierzu ein Recht auf Sicherung des Existenzminimums und ein Recht auf medizinische Grundversorgung, aber vielleicht auch andere Rechtsansprüche gehören. So hatten wir es im letzten Kapitel dieses Buches auch vertreten.

Zum anderen sollte noch einmal darauf hingewiesen werden, dass Rawls ohne überzeugende Begründung Gerechtigkeit primär als innergesellschaftliche Angelegenheit ansieht und damit globale Gerechtigkeitsfragen weitgehend unterschlägt (vgl. die Abschnitte 11.1 und 11.2).[248]

Als Gerechtigkeitstheorie, so lässt sich zusammenfassend sagen, erscheint Rawls' Konzeption trotz ihrer großen Wirkung nicht unbedingt überzeugend, und sie ist offenbar auch in wichtigen Hinsichten ergänzungsbedürftig.

Anmerkungen

1 Eingeführt wurde dieses Spiel von Güth, Schmittberger und Schwarze – vgl. Güth et al. 1982.

2 Dieser Effekt tritt sogar bei hohen Geldsummen häufig ein. Vgl. für detaillierte empirische Resultate zum Ultimatum-Spiel Henrich et. al. 2004 und Oosterbeek et. al. 2004.

3 Ob die Meinung wirklich zutreffend ist, werden wir im vorletzten Kapitel dieses Buches prüfen.

4 Zu diesem Fokus äußert sich sehr kritisch Sen 2009.

5 Ähnliches gilt auch für das ansonsten interessante, neue Buch von Amartya Sen zur Gerechtigkeit (Sen 2009): Unter Gerechtigkeit verhandelt Sen jeden normativen Anspruch, also auch Gesichtspunkte der Pareto-Verbesserung und des Utilitarismus. Nicht zuletzt wegen dieser fehlenden Differenzierung zwischen Gerechtigkeit und anderen moralisch relevanten Aspekten werde ich Sens Ansatz nicht im Detail diskutieren.

6 So auch Tugendhat 1993, 386.

7 Vgl. dazu genauer Kapitel 10, Abschnitt 10.3.

8 Eine sachliche Klärung war sicher auch das Anliegen der „Klassiker" beim Verfassen ihrer Schriften.

9 Dazu kommt, dass bei einigen Themen die Grenze zu anderen Disziplinen überschritten wird (Rechtswissenschaft bei Strafgerechtigkeit, Ökonomie bei Tauschgerechtigkeit). Eine ausführliche Auseinandersetzung mit diesen Themen würde eine fächerübergreifende Arbeit erfordern.

10 Allerdings würden wir in diesem Fall wohl nicht sagen, die Naturkatastrophe *selbst* sei ungerecht.

11 Vgl. insbesondere Gosepath 2004, 55f.

12 Im Grunde wird nur von libertären Theoretikern (wie Nozick 1976) bestritten, dass nicht intentional herbeigeführte Zustände als ungerecht bezeichnet werden können. Ein prägnanter Vertreter einer solchen verengten, libertären Gerechtigkeitsperspektive ist Friedrich von Hayek – vgl. insbesondere Hayek 1981. Hayek bestreitet prinzipiell, dass sich das Prädikat „gerecht" auf das Marktgeschehen anwenden lässt, da es um nicht intendierte Resultate von unkoordinierten Einzelhandlungen geht. Das Vorliegen einer Ungerechtigkeit hier bereits aus begrifflichen Gründen auszuschließen erscheint aber wenig überzeugend.

13 Stefan Gosepath geht so weit zu behaupten, eine rein konstatierende Verwendung des Gerechtigkeitsbegriffs sei unmöglich (vgl. Gosepath 2004, 34).

14 Dass es eine recht weite Verwendung des Gerechtigkeitsbegriffs tatsächlich lange Zeit gegeben hat, zeigt sich in den Texten von Aristoteles und Mill – vgl. in diesem Abschnitt unten sowie Abschnitt 3.1.

15 Auf Mills „Utilitarianism" (Mill 1863) werden wir unter inhaltlichen Gesichtspunkten noch genauer zu sprechen kommen (vgl. Kapitel 4).

16 So auch Mill – vgl. a.a.O., 135.

17 Die komplexe Beziehung zwischen Recht und Gerechtigkeit werde ich in diesem Buch nur kurz im letzten Kapitel thematisieren (vgl. Abschnitt 13.2) und mich ansonsten auf Fragen der Gerechtigkeit im engeren, prägnanten Sinne konzentrieren.

18 Es gibt zwar im Englischen den Ausdruck „to do wrong" (auch: „to wrong") für Unrecht tun – aber nichtsdestotrotz wird „unjust" sehr weit verwendet.

19 So definiert Platon Gerechtigkeit in „Der Staat" (331e; Stephanus-Paginierung) unter Berufung auf Simonides.

20 Das ist allerdings nicht unbedingt Mills Verständnis, denn er denkt nur an fest umrissene Rechtsansprüche.

21 Im Sinne berechtigter Ansprüche wäre eine an Mill angelehnte Explikation aber auch passend.

22 Man beachte allerdings, dass im Zusammenhang mit der Strafe auch die Rede von dem, was einem zusteht, eigenartig klingt. Dazu mehr in Kapitel 6 über Strafgerechtigkeit.

23 Ob eine solche Position als Gerechtigkeitsprinzip tatsächlich überzeugend ist, wird in Kapitel 9 geprüft werden.

24 Meines Erachtens muss man sogar in dieser Weise vorgehen – zunächst muss über die Empfängerseite gesprochen werden, und die anderen Anwendungen von „gerecht" sind auf dieser Basis indirekt einzuführen. Das wird im anschließenden Kapitel zur Tugendethik deutlich werden.

25 Für eine ausführlichere Behandlung des Gerechtigkeitsbegriffs, die außer der Kernbedeutung, den Anwendungsbedingungen des Prädikats „gerecht" und den Gerechtigkeitstypen auch Objekte und Subjekte der Gerechtigkeit thematisiert, vgl. Gosepath 2004, Kapitel I.

26 Die folgenden Angaben beziehen sich auf die „Nikomachische Ethik" in der Bekker-Paginierung.

27 Nach gängiger Auffassung betrifft Moral im Kern die Frage, wie wir uns gegenüber anderen Personen verhalten sollen.

28 Ebenso werden wir später Mill und Kant als Repräsentanten alternativer Moralkonzeptionen prüfen.

29 Man beachte: es gibt also nicht nur ein zugehöriges Laster zu einer Tugend.

30 Auch die Frage, welche Tugend in einer Situation einschlägig ist, lässt sich – sofern die jeweiligen Affekt- und Handlungsbereiche nicht scharf voneinander abgegrenzt sind – nach Aristoteles' Auffassung wohl theoretisch nicht eindeutig beantworten.

31 Aristoteles benennt das zweite Laster nicht explizit, aber es ist der Sache nach klar, dass übermäßige Bescheidenheit gemeint sein muss.

32 Vgl. dazu die sehr kryptischen Bemerkungen in Kapitel 9 des 5. Buches der „Nikomachischen Ethik", in dem Aristoteles immerhin zugibt, dass die Mitte hier anders zu verstehen ist als bei den übrigen Tugenden (1133b). Allerdings ist die dort von ihm vorgenommene Benennung der beiden Laster – Unrechttun versus Unrechtleiden – ebenfalls wenig überzeugend, da Unrechtleiden keine Aktivität ist. Auch Ursula Wolf bezweifelt, dass die Mesotes-Lehre auf die Gerechtigkeit passt – vgl. Wolf 2002, 93 & 114.

33 Allerdings ist bisher nichts dazu gesagt, *was* einem zusteht – und das würde man von einer inhaltlichen Gerechtigkeitskonzeption erwarten. Inwieweit Aristoteles hier etwas anzubieten hat, werden wir im nächsten Abschnitt (3.3) sehen.

34 So prinzipiell auch Tugendhat, der die Kritik nur moderater formuliert – er nennt die Gerechtigkeit eine „Tugend zweiter Ordnung" (Tugendhat 1993, 368 f.). Und Aristoteles' Abweichen vom tugendethischen Programm gibt auch Ursula Wolf letztlich zu – vgl. Wolf 2002, 105.

35 Oft wird auch mit „kommutative Gerechtigkeit" übersetzt.

36 Als Formel ausgedrückt: P1 : P2 = G1 : G2, mit P für Personen, G für Güter.

37 In der alternativen Übersetzungsterminologie (vgl. die vorletzte Fußnote) wäre umgekehrt ausgleichende Gerechtigkeit eine Unterart der Tauschgerechtigkeit.

38 Für diese Beobachtung vergleiche auch Wolf 2002, 108 (Fußnote 23) sowie Ryan 1993, 9.

39 Ob es sich allerdings tatsächlich um ein einheitliches Gerechtigkeitsprinzip für Tausch und Wiedergutmachung handelt, werden wir später (in Abschnitt 6.1) prüfen.
40 Vgl. dazu genauer das 7. Kapitel dieses Bandes über Tauschgerechtigkeit.
41 Dies könnte etwa für die Menschenrechte gelten, die als Berechtigungsgrund auf allgemein-menschliche Eigenschaften rekurrieren.
42 Dieses Prinzip greift allerdings nur für teilbare Güter.
43 So auch Gosepath 2004, 126.
44 Das behaupten zumindest manche Interpreten, unter anderem Gosepath. Sehr kritisch äußert sich Wolf dazu: Ihrer Auffassung nach geht es Aristoteles vor allem um die Verteilung von Regierungsaufgaben, und dafür seien nicht Tugenden, sondern Fähigkeiten ausschlaggebend (vgl. Wolf 2002, 106).
45 Vgl. dazu genauer das 8. Kapitel dieses Bandes über Verteilungsgerechtigkeit als Verdienst.
46 So auch Gosepath 2004, 126 und Raz 2000, 52 f.
47 Thomas behauptet zwar, dass auch Aristoteles diese grundsätzliche Differenz der Gerechtigkeit von anderen ethischen Tugenden bereits gesehen habe – aber das ist eher seiner Neigung zur gutwilligen Interpretation geschuldet als in der Sache oder durch die Textlage begründet: Zwar sagt Aristoteles, dass sich die Gerechtigkeit auf Handlungen bezieht (Buch 5, Kapitel 1), also eine „operative Tugend" ist – doch das gilt beispielsweise für Großzügigkeit auch (Handlungen des Gebens), und dort wird die Mesotes-Lehre angewendet. Das 1. Kapitel von Buch 5 der „Nikomachischen Ethik" klingt auch keineswegs so, als solle die Mesotes-Lehre für Gerechtigkeit nicht einschlägig sein.
48 Die Angaben der „Summa theologica" sind wie folgt zu interpretieren: IaIIae meint den ersten Teil des zweiten Buchs, q. steht für die Frage (questio), a. für den Artikel zu der Frage.
49 Singer macht allerdings deutlich, dass dieses Prinzip nicht rein formal ist, da es primäre Diskriminierungen ausschließt – vgl. Singer 1994, 41.
50 Als Hinweis: Verdienst kommt als solches im Utilitarismus nicht ins Spiel, weil nur die Folgen, nicht die Vorgeschichte des Handelns zählen; Bedürfnisse verleihen keine besonderen (stärkeren) Ansprüche.
51 Deutlich herausgestellt wird das von Richard Hare und Harry Frankfurt, die allerdings auch die Grenzen dieses indirekten Gleichheitsarguments bei Güterverteilungen benennen – vgl. Hare 1997, 223 f. und Frankfurt 1997, 263 f. Singer zeigt sehr schön, dass das Prinzip des abnehmenden Grenznutzens nicht ausschließt, dass Ungleichheiten in manchen Situationen aus utilitaristischer Sicht vorzugswürdig sind – vgl. Singer 1994, 44.
52 Auch deshalb weist Mill auf die vielfältigen Verwendungen des Begriffs der Gerechtigkeit hin; zusätzlich zeigt er Meinungsverschiedenheiten in Fragen der Gerechtigkeit auf.
53 Der erste Punkt ist schon deshalb nicht sonderlich stark, weil daraus, dass Gerechtigkeit nicht eindeutig ist, keineswegs folgen würde, dass sie moralisch wenig relevant ist.
54 Allerdings versteht Mill selbst Rechte nicht so, wie ebenfalls bereits konstatiert wurde.
55 Hier scheinen Rechte im engeren Sinne, also im Vorhinein fixierte Ansprüche gemeint zu sein.
56 Vgl. dazu das vorletzte Kapitel dieses Bandes.
57 Diese Kritik greift auch dann, wenn Gesang (gegen Dworkin und Harsanyi) Recht haben sollte, dass es nicht inkonsistent ist, wenn der Utilitarismus externe Präferenzen in die Berechnung des Gesamtglücks einbezieht.
58 Der letzte Punkt findet sich bei Mill offenbar nicht, da er Ausnahmen von Regeln zulässt. Aus diesem Grund ist er (entgegen der Meinung von Urmson 1992) auch kein Regelutilitarist im hier unterstellten Sinn.

59 Allenfalls könnte die Herleitung von Rechten durchsichtiger sein als bei Mill.

60 Es gibt eine weitere Variante des Utilitarismus, den indirekten oder objektiven Utilitarismus: Diesem zufolge ist die Glücksmaximierung nur ein Kriterium für die moralische Richtigkeit, aber keine Handlungsanweisung (Pettit 1993, Railton 1984). Eine solche Konzeption ist an sich zwar deutlich überzeugender als der Regelutilitarismus, aber sie hilft hier nicht, da sich in ihrem Rahmen keine verbindlichen Gerechtigkeitsprinzipen etablieren lassen, sondern nur Faustregeln (wie bei Mill, den man durchaus als objektiven Utilitaristen lesen kann).

61 Rescher schlägt vor, vom Durchschnittsnutzen die Hälfte der Standardabweichung abzuziehen, um ein kombiniertes Maß zu erhalten, und prüft die entsprechenden Intuitionen über Verteilungen – vgl. Rescher 1966, 35 ff. Der Gewichtungs-Wert 0,5 ist aber *ad hoc*, wie Rescher auch selbst zu sehen scheint.

62 Trapp hält dies für einen Vorteil seiner Theorie, da er die Offenheit der Gewichtung moralischer Aspekte mit dem von ihm vertreten metaethischen Nonkognitivismus in Verbindung zu bringen sucht – vgl. Trapp 1988, 18. Dieser vermeintliche Zusammenhang erscheint mir aber wenig überzeugend.

63 Vgl. den Anfang von Abschnitt 4.2.

64 Ab welchem Punkt dies der Fall ist, hängt von den genauen Gewichten ab, die Parfit nicht angibt.

65 Parfit würde dies vielleicht bestreiten, da er relationale Gleichheit möglicherweise nicht für einen plausiblen Gesichtspunkt der Gerechtigkeit hält. Es erscheint mir aber deutlich überzeugender, seine Position so zu charakterisieren, dass er Gleichheit (und damit einen Aspekt der Gerechtigkeit) nicht als *moralisch* relevant ansieht. Parfit sagt nicht explizit, dass er Gleichheit für irrelevant hält, wenn es um Gerechtigkeit geht; sein eigener Vorschlag wird auch nicht als Beitrag zur Gerechtigkeit eingeführt. (Vgl. dazu die entsprechenden Überlegungen gegen die Auffassung von Krebs im 9. und 12. Kapitel.)

66 So sieht es auch Williams 1973.

67 Sämtliche Seitenangaben zu Kant beziehen sich auf die Akademie-Ausgabe.

68 Sehr ausführlich behandelt Kant die Frage, was als legitimes Eigentum zu gelten hat.

69 Insbesondere werden von Kant ausführlich privatrechtliche Verträge hinsichtlich ihrer Legitimität diskutiert. Die Verengung der Gerechtigkeitsperspektive ist typisch für die frühe Neuzeit und findet sich schon bei Hobbes, der kein Gerechtigkeitsproblem darin erkennen kann, dass Personen zum maximalen eigenen Vorteil tauschen und Güter willkürlich nach Gutdünken verteilen (vgl. Hobbes 1647, 46 f.).

70 Dass Kant damit in der Sache einen wichtigen Punkt getroffen haben könnte, werden wir später sehen – vgl. zur Strafgerechtigkeit das 6. Kapitel dieses Bandes (Abschnitt 6.3).

71 Ausführlich wird Kants Gerechtigkeitskonzeption behandelt in Brandt 1993.

72 Im Wortlaut: „Handle nur nach derjenigen Maxime, durch die du zugleich wollen kannst, dass sie ein allgemeines Gesetz werde." (Kant 1785, 421)

73 Kant geht – wie das Zitat in der folgenden Fußnote zeigt – auch von Pflichten gegenüber sich selbst aus (man darf sich selbst nicht als Mittel behandeln), die ich hier ignorieren werde, weil sie nicht in die Moral im engeren Sinne fallen und für das Thema Gerechtigkeit irrelevant sind.

74 Im Wortlaut: „Handle so, dass du die Menschheit, sowohl in deiner Person als in der Person eines jeden anderen, jederzeit zugleich als Zweck, niemals bloß als Mittel brauchest." (Kant 1785, 429)

75 Allerdings wird in der Zweckformel klar gesagt, dass die *anderen* mit ihren Wünschen berücksichtigt werden müssen; das ist in der Grundformel nicht eindeutig, da es auch im Falle des Rollentausches nur um das *eigene* Wollen zu gehen scheint.

76 Im obigen Verteilungsbeispiel muss man so etwas sagen können wie: die Anliegen der Bedürftigen zählen stärker als mögliche Verdienstansprüche (oder umgekehrt). Ähnliche Probleme dürften sich auftun, wenn man die beiden Formeln des Kategorischen Imperativs auf die anderen Gerechtigkeitstypen (Tauschgerechtigkeit, ausgleichende Gerechtigkeit) anzuwenden sucht.

77 Ich setze hier voraus, dass Vernunft nicht moralisch verstanden wird, denn sonst droht ein Regressproblem.

78 Insbesondere setzt er eine erhebliche Risikoscheu voraus, damit das der Maximin-Regel folgende Differenzprinzip gewählt wird: vgl. a.a.O., 134. Für eine genauere Erläuterung und Diskussion der Annahmen sowie des Differenzprinzips vergleiche den Anhang zu diesem Band.

79 Dabei zieht Scanlon (wie auch andere von Kant inspirierte Moraltheoretiker, etwa Habermas) die kantische Universalisierbarkeit in das Objekt der Beurteilung hinein: Auf Zustimmungsfähigkeit überprüft werden allgemein geltende Regelungsvorschläge (Prinzipien).

80 Vgl. dazu Kapitel 12 dieses Bandes.

81 Vgl. für einen Hinweis darauf a.a.O., 204.

82 Dass man in Verteilungssituationen primär auf die Situation der Schlechtestgestellten blicken muss, ist ein typisches Merkmal kantisch inspirierter Theorien – etwa auch derjenigen von John Rawls (s.o. und den Anhang) und Thomas Nagel (vgl. Nagel 1984 und 1994).

83 Vgl. zum Knappheitsproblem auch das 9. Kapitel über das Bedarfsprinzip der Verteilungsgerechtigkeit.

84 Vgl. dazu auch Abschnitt 6.3 über Strafgerechtigkeit.

85 In der Übersetzung von Ursula Wolf umfasst die ausgleichende Gerechtigkeit auch die kommutative Gerechtigkeit, in anderen Übersetzungen die kommutative Gerechtigkeit die ausgleichende Gerechtigkeit.

86 Auf einen Unterschied deutet schon hin, dass die Frage der Tauschgerechtigkeit während der (freiwilligen) Transaktion entsteht, während nach Wiedergutmachung erst im Anschluss an die (unfreiwillige) Interaktion gefragt wird.

87 Man könnte auch auf den Gedanken verfallen, die Strafgerechtigkeit unter Verteilungsgerechtigkeit zu fassen, da es sich bei der Strafe um eine Zuteilung von Lasten handelt. Diese Überlegung ist aber abwegig, wie man sich leicht klarmachen kann: Im Falle der (gerechten) Strafe werden nicht etwa vorhandene Lasten auf eine gerechte Weise aufgeteilt, sondern es sollen Bürden neu kreiert werden. Dies wirft gänzlich andere Fragen auf als im Falle der distributiven Gerechtigkeit – etwa die nach der Rechtfertigung für das Zufügen von Leid. Nur die Proportion des Strafmaßes weist eine Gemeinsamkeit mit Verteilungsgerechtigkeit auf (siehe Abschnitt 6.3).

88 Das wirft epistemische Probleme auf, scheint aber das angemessene einfache Prinzip und die geeignete Richtlinie zu sein. Es entspricht auch dem deutschen Schadensersatzrecht (vgl. BGB, § 249).

89 Hier handelt es sich um eine Form von Leid, auf das (und die Probleme, die es für die Wiedergutmachung aufwirft) wir unten noch zu sprechen kommen.

90 Allerdings gibt es in diesem Fall auch keine geschädigte Person mehr, der etwas zusteht – man kann (und sollte) allenfalls darüber nachdenken, ob leidtragende Dritte entschädigt werden müssten.

91 Man müsste ebenfalls diskutieren, ob es sich bei diesen Formen von Sühne noch um eine Frage der Gerechtigkeit handelt, oder ob damit ein anderer Bereich der Moral berührt wird.

92 Das liegt nicht zuletzt daran, dass die Trennung zwischen beiden Bereichen oft nicht klar vollzogen wird – Strafe wird offenbar von manchen Autoren als eine Art Wiedergutmachung angesehen. Dazu werde ich mich unten kritisch äußern.

93 Es ist natürlich dennoch denkbar, dass der Täter die Resozialisierung als eine Strafe empfindet, aber das ist für die Einordnung und Rechtfertigung der Maßnahme nicht der entscheidende Punkt.

94 Vgl. die Kritik an den Versuchen, Gerechtigkeit in den Utilitarismus zu integrieren, in Abschnitt 4.2. An dem angesprochenen Problem zeigt sich auch, dass es schon bei der Strafbegründung und nicht erst beim Strafmaß um Fragen der Gerechtigkeit geht.

95 Kants Sicht hat deutliche Spuren im deutschen Strafrecht hinterlassen. Mittlerweile ist man aber zu einer präventionsbezogenen Rechtfertigung der Strafe übergegangen, zu der es auch nach Meinung von Strafrechtlern heutzutage grundsätzlich kaum noch eine Alternative gibt – vgl. Hassemer 2006.

96 Vertreten wird eine solche Behauptung allerdings überraschenderweise tatsächlich, prominent insbesondere von Hegel, der davon ausgeht, dass der Täter ein Recht darauf hat, bestraft zu werden – und ein Recht ist ja offensichtlich ein Anspruch, den der Täter mindestens implizit erhebt. Vgl. Hegel 1821, § 100.

97 Verwandte Argumentationen finden sich bei Morris 1968 und Dagger 1993. Jean-Claude Wolf stellt ebenfalls eine solche Begründung vor, stimmt ihr aber nicht oder allenfalls unter Vorbehalt zu (vgl. Wolf 2003).

98 Für eine ausführliche Kritik an der Ausgleichsbegründung von Strafe vgl. Schälike 2011, 183 ff.

99 Eine solche Position vertritt W.D. Ross – vgl. Ross 1962, 63 f.

100 Hier handelt es sich um einen Fall von nicht-komparativer Gerechtigkeit, die Feinberg 1974 thematisiert und die ich in diesem Buch (wie in der Einleitung angekündigt) nicht gesondert bespreche.

101 Ganz ähnlich sieht es H.L.A. Hart, der darauf hinweist, dass man zwischen der generellen Strafrechtfertigung und der Frage, wer bestraft werden darf, unterscheiden muss – vgl. Hart 1987, 265.

102 Resozialisierung lasse ich hier aus, da sie keine Strafe im eigentlichen Sinne ist (siehe oben).

103 Im Geiste des Utilitarismus hieße das: so viel Strafe wie nötig, so wenig Strafe wie möglich. Das genaue Zusammenspiel von Haupt- und Nebenbedingung müsste in einer Detailuntersuchung geklärt werden.

104 Wenn ich ihn recht verstehe, entspricht das in der Sache auch dem Vorschlag, den der Rechtsprofessor und Bundesverfassungsrichter Winfried Hassemer für das (deutsche) Strafrecht entwickelt – vgl. Hassemer 2006.

105 Allerdings fasst er sie unter ausgleichende Gerechtigkeit, die, wie wir uns im letzten Kapitel klargemacht haben, sachlich von kommutativer Gerechtigkeit zu trennen ist.

106 Eine Ausnahme ist Otfried Höffe, der seine gesamte Gerechtigkeitskonzeption auf (hypothetische) gerechte Tauschprozesse gründen möchte – so sollen bei ihm zeitlich verschobene Tauschvorgänge Sozialleistungen wie Rente, Krankenversorgung und Kinderbetreuung begründen (vgl. Höffe 1996). Es ist aber offensichtlich, dass es sich bei der Entfaltung einer solchen Theorie nur um eine sehr grobe Analogie zu einem realen Tauschgeschehen handeln kann.

107 Als Untertypen der Tauschgerechtigkeit sind, wie wir im folgenden Abschnitt sehen werden, der gerechte Preis und der gerechte Lohn anzusehen.

108 Dass Tauschgerechtigkeit von korrektiver Gerechtigkeit zu unterscheiden ist, hatten wir im letzten Kapitel (Abschnitt 6.1) bereits gesehen.

109 Bei Tauschvorgängen sind Empfänger immer auch zugleich Verteiler, und Verteiler zugleich Empfänger – anders als es sich bei Verteilungsvorgängen verhält.

110 Dies hat schon Aristoteles gesehen – vgl. „Nikomachische Ethik", 1133a&b.

111 Vielleicht flossen dabei auch Urteile über den Wert der Arbeitstätigkeiten (beziehungsweise über den des Standes der Produktlieferanten) ein. Auch die Überlegungen von Aristoteles klingen teilweise so, denn er spricht davon, dass das Verhältnis Hausbauer zu Schuster sich im Tauschverhältnis Haus gegen Schuhe widerspiegeln soll (vgl. „Nikomachische Ethik", 1133a&b) – aber es ist sehr fraglich, ob man ihn so lesen kann und sollte (vgl. dazu Wolf 2002, 111).

112 Entwickelt wurde die Position von Adam Smith (1776) und David Ricardo (1817); die Werttheorie wurde von Marx aufgegriffen und weiterentwickelt – vgl. Marx 1849, 382 f. Es ist zu beachten, dass die Arbeitswerttheorie von den genannten Ökonomen nicht dazu vorgesehen war, gerechte Preise zu bestimmen.

113 Schon Ricardo gesteht ein, dass die Arbeitswerttheorie nur für einen Teil der Waren gilt – solche, die durch Fleiß unter Konkurrenzbedingungen hergestellt werden, nicht jedoch für seltene Dinge mit Liebhaberwert.

114 Dieses Problem hat schon Marx eingestanden.

115 Marx sieht Angebot und Nachfrage nur als Größen, die die Abweichung vom „eigentlichen" Wert der Produkte erklären.

116 Eine solche Arbeitswertlehre müsste von der marginalen Arbeitszeit ausgehen (nicht von der durchschnittlichen), dem Produktionsfaktor Arbeit käme keine Vorrangstellung vor anderen (knappen) Faktoren zu, und es würde sich nur um eine idealisierte Größe handeln, von der die realen Tauschwerte erheblich abweichen.

117 Ob diese Beschreibung angemessen ist, werden wir später problematisieren.

118 Hier muss wiederum darauf hingewiesen werden, dass das auch nicht Marx' Anliegen war.

119 Soweit ich sehen kann, ist dies auch die Perspektive, unter der Gewerkschaften die Forderung nach einem gerechten Lohn (innerhalb von Branchen und Betrieben) verhandeln.

120 Ein immer noch aktuelles Beispiel dafür ist die differierende Entlohnung von Frauen und Männern bei gleicher Tätigkeit. Auch dies ist natürlich ein klassisches Gewerkschaftsthema.

121 So denkt offenbar schon Thomas Hobbes – vgl. Hobbes 1651.

122 Diese Sicht der Dinge hat auch in den Wirtschaftswissenschaften die Werttheorie der klassischen Ökonomie weitgehend ersetzt.

123 Vgl. Hayek 1996.

124 Neben solchen Asymmetrien in der Verhandlungsmacht sollte auch nicht übersehen werden, dass es Asymmetrien des Wissens geben kann: Eine Person, die nicht in der Lage ist, sich einen Überblick darüber zu verschaffen, was sie gerade käuflich erwirbt (wie das Produkt beschaffen ist, was es bei anderen Anbietern kostet), ist ebenfalls für Ausbeutung anfällig.

125 Eventuell ist hier sogar ein anderer normativer Gesichtspunkt als der der Gerechtigkeit im Spiel – vgl. Abschnitt 9.2 über Bedarfsdeckung als Prinzip der Verteilungsgerechtigkeit.

126 Man könnte auch auf die ungleiche (ökonomische) Machtverteilung eingehen; das werde ich in diesem Buch allerdings nicht tun.

127 Im Ergebnis ähnlich, aber allgemeiner argumentiert Gosepath, der deutlich macht, dass ein gerechter Tausch prinzipiell eine gerechte Verteilung voraussetzt und daher

Tauschgerechtigkeit sekundär gegenüber Verteilungsgerechtigkeit ist – vgl. Gosepath 2004, 84 f.

128 Es stellt sich keine Gerechtigkeitsfrage außer in dem trivialen Sinne, dass sich niemand mehr nehmen darf, als er selbst nutzen will – es muss also ein boshaftes Verhalten gegenüber anderen ausgeschlossen sein, das darin bestünde ihnen Güter grundlos vorzuenthalten.

129 Genau genommen (darauf würden Libertäre insistieren) müsste zudem geklärt werden, welche Güter überhaupt zur Verteilung anstehen. Ich werde von dieser Vorfrage absehen, da ich meine, dass prinzipiell annähernd alles (neu) verteilt werden darf. Dabei muss allerdings berücksichtigt werden, dass Menschen schon Güter in ihrem Besitz haben. Ein vorinstitutionelles Eigentumsrecht, wie es libertäre Autoren vorsehen, erscheint mir wenig überzeugend – abgesehen vom Eigentum an der eigenen Person, wie wir später sehen werden. Dass daraus aber ein Recht auf die durch eigene Arbeit hergestellten Güter folgen soll (vgl. Locke 1689 und Nozick 1976), kann zumindest nicht unter beliebigen Bedingungen gelten.

130 Es soll noch einmal darauf hingewiesen werden, dass es bei diesem Prinzip um Verdienst im spezifischen (prägnanten) Sinne geht, nicht um das generelle Zustehen, das nicht zwischen verschiedenen Prinzipien der Verteilungsgerechtigkeit differenziert.

131 Häufig wurden solche askriptiven Eigenschaften denn auch mit weniger willkürlich erscheinenden Differenzierungsmerkmalen in Verbindung gebracht (etwa indem behauptet wurde, manche Rassen seien fleißiger als andere, oder Männer seien intelligenter als Frauen). Solche Korrelationsbehauptungen dürften sich aber leicht widerlegen lassen. Dazu äußert sich Peter Singer kurz und prägnant – vgl. Singer 1994, 45 ff.

132 Es gibt möglicherweise auch Wertdifferenzierungen, die nicht auf askriptiven Eigenschaften beruhen – etwa eine Unterscheidung nach der Religionszugehörigkeit, die prinzipiell veränderbar ist. Auch solche Wertdifferenzierungen erscheinen aber (obwohl sie der Person zugeschrieben werden könnten) in der Sache vollkommen willkürlich und werden im Folgenden nicht beachtet. (So auch Singer 1994, a.a.O.)

133 Es erscheint nicht unwichtig, an dieser Stelle darauf hinzuweisen, dass Verdienst (entgegen dem Anschein) keine für libertäre Auffassungen relevante Kategorie ist: Libertäre Autoren plädieren für einen vollkommen unbeschränkten Austausch von Gütern und lehnen damit jegliche Verteilungsstruktur ab, also auch eine Distribution, die auf dem Verdienstgedanken basiert. Das wird auch von Nozick bei der Erläuterung seiner libertären Anspruchstheorie deutlich gemacht (vgl. Nozick 1976).

134 Dies ist der Titel eines lesenswerten kritischen Dialogs von Walter Pfannkuche zum Verdienstgedanken (Pfannkuche 2003).

135 So auch Gosepath hinsichtlich des von ihm so genannten Beitragskriteriums – vgl. Gosepath 2004, 395.

136 So beispielsweise Dworkin 1981b.

137 Vgl. für eine ähnliche Kritik am Bemühen als Verdienstprinzip auch Gosepath 2004, 390.

138 Das würden sogar Egalitaristen zugestehen, wie wir im übernächsten Kapitel 10 sehen werden.

139 Für Sher gilt dies offenbar unabhängig vom Unterschied im Aufwand, den die Personen erbringen müssen, welcher ja auch bei harter Arbeit, heroischem Verhalten und Tugendhaftigkeit, die Sher hier vor Augen hat, vorliegen dürfte.

140 Sher denkt hingegen an Verdienst in einem sehr viel schwächeren Sinne, der nur besagt, dass es zum Beispiel gut wäre, wenn harte Arbeit oder Anstrengung belohnt würden, ohne dass daraus berechtigte Ansprüche („entitlements") erwachsen, die jemand zu erfüllen hat (vgl. a.a.O., 54).

141 Dies deutet ebenfalls Gosepath an – vgl. Gosepath 2004, 388. Man beachte auch, dass sogar Sher, wenn es um verdiente Löhne geht, mit einem Kompensationsprinzip argumentiert, das einen Ausgleich für die aufgewendete Mühe schaffen soll – vgl. Sher 1989, 99 ff.

142 Ähnlich Gosepath 2004, 387. Vgl. auch die vorangegangenen Passagen dieses Buches, in denen deutlich gemacht wurde, dass allgemeine Besserstellung (im Unterschied zur Auffassung von Rawls) und Nutzenmaximierung nicht unter Gerechtigkeit gefasst werden sollten. Mehr zur Abwägung zwischen Gerechtigkeit und allgemeiner Besserstellung, also dem Pareto-Prinzip, findet sich in Kapitel 12.

143 Hier handelt es sich um einen (sekundären) institutionellen Sinn von Verdienst, nicht um einen vorinstitutionellen – vgl. Sher 1989, 22 f.

144 Diese Position vertritt Leo Montada zumindest hinsichtlich des faktischen Gerechtigkeitsempfindens – vgl. Montada 1994.

145 So auch Gosepath 2004, 395 f.

146 Marx beispielsweise sagt, Güter solle jeder nach seinen Bedürfnissen zugeteilt bekommen – vgl. Marx 1875.

147 Vgl. Harry Frankfurts Aufsatz „Gleichheit und Achtung" (Frankfurt 2000), der den maßgeblichen Anstoß für diese Theorieoption geliefert hat. Frankfurt weist darauf hin, dass ein Saturierungsprinzip deutlich mehr umfassen kann als nur die Befriedigung der elementarsten Bedürfnisse – vielmehr meint er mit Saturierung, genug für ein gutes Leben zu haben (a.a.O., 38, Fußnote 1).

148 Hier zeigt sich (wie auch später) eine Unvollständigkeit des Bedarfsprinzips, die wohl nur durch ein Gleichheitsprinzip zu beheben ist, denn man müsste die Belastungen der Versorgungsbedürftigen und die Kosten der für deren Versorgung Herangezogenen in ein angemessenes Verhältnis setzen.

149 Für die Probleme einer objektiven Bestimmung von Bedürfnissen vgl. Gosepath 2004, 182 ff.

150 Vgl. Walzer 1992, 26 ff.

151 Der zweite Fall ist offensichtlich der wichtigere. Der erste ist im Übrigen auch nur relevant, sofern über den Bedarf hinausgehende, konfligierende Wünsche nach den zu verteilenden Gütern vorliegen (vgl. Abschnitt 8.1).

152 Vgl. Krebs 2000, 30 ff.

153 Vgl. auch das vorletzte Kapitel 12 dieses Bandes zur Relevanz der Gerechtigkeit.

154 Dazu mehr im folgenden Kapitel.

155 Vgl. Krebs 2000, 19. Ob das wirklich aus den von ihr vertretenen absoluten Standards folgt, will ich dahingestellt sein lassen.

156 Für eine ähnliche Kritik am (von ihm so getauften) „humanitären Nonegalitarismus" vgl. Gosepath 2004, 187 f.

157 Wie im letzten Kapitel deutlich wurde, überzeugt Humes „Lösung", distributive Gerechtigkeit in diesem Fall für nicht einschlägig zu erklären, ebenfalls nicht (vgl. Abschnitt 8.1).

158 Das erscheint aber nicht immer sinnvoll, etwa wenn so alle zehn Personen den Hungertod erleiden. Man könnte denken, dass sich hier eine prinzipielle Grenze der Verteilungsgerechtigkeit zeigt. Ganz eindeutig ist das zwar nicht, da ja immer noch die Möglichkeit besteht, Fairness dadurch herzustellen, dass ein Los geworfen wird. Aber aus Gerechtigkeit allein folgt meines Erachtens nicht, dass in diesem Fall das Losverfahren vorzuziehen ist (vgl. dazu Abschnitt 12.2).

159 Hilfeleistung könnte in solchen Fällen dennoch eine Pflicht sein – aber dann handelt es sich um eine (in der Tradition so genannte) unvollkommene Pflicht, der keine Rechte korrespondieren.

160 Vgl. Anderson 2000, 128 ff. sowie Krebs 2000, 19.

161 Anderson redet zwar in ihrer Kritik am Egalitarismus von Gerechtigkeit, aber sie verwendet einen sehr weiten Gerechtigkeitsbegriff, der jedwede Ansprüche umfasst.

162 Die Erhöhung des Gesamtnutzens ist, wie bereits mehrfach deutlich gemacht wurde, kein Gerechtigkeitsprinzip; es steht Menschen nicht zu, mehr oder weniger gut wegzukommen, nur weil es den Gesamtnutzen maximiert.

163 Genau genommen gilt dies nur, sofern die Güter(mengen) in irgendeiner Weise die Lebensaussichten von Personen berühren. Aber das schließt nur Güter(mengen) aus, für deren Verteilung sich niemand interessiert und für die sich folglich auch kein Gerechtigkeitsproblem stellt, nicht hingegen Güter(mengen), die nicht dringend benötigt werden. (Vgl. die darauf abhebende Kritik am Bedarfsprinzip in Abschnitt 9.1.)

164 Auf konkrete Details kann ich in diesem Band nicht eingehen. Für die Diskussion um Chancengleichheit im Bildungswesen vgl. exemplarisch Meyer 2011.

165 Eine gute Übersicht über die Debatte findet sich in Ladwig 2000, 128 ff. Genauer analysiert werden die verschiedenen vorgeschlagenen Optionen in Roemer 1996.

166 Dworkin unterscheidet externe Präferenzen noch einmal in solche, die Weltzustände betreffen (die man vielleicht gar nicht selbst erlebt), und solche, die die Lebenssituation anderer Personen berühren; seines Erachtens dürfen solche Wünsche in der Axiologie keine Rolle spielen. Aber das Wohlergehen mancher Menschen hängt offenbar stark davon ab, wie es ihren Kindern geht – soll das einfach wegdefiniert werden?

167 Simplen Befragungen zufolge sind die Menschen in Bangladesch deutlich zufriedener als in Deutschland.

168 Vgl. Elster 1983 sowie auch Sen 1992.

169 Genauer geht es bei Arneson um zweitbeste Präferenzen, die berücksichtigen, dass der Übergang von den faktischen Präferenzen zu den idealen (besten) Präferenzen einen Aufwand für die Person bedeutet, der es nicht immer sinnvoll erscheinen lässt, die besten Präferenzen auszubilden.

170 Man beachte, dass im Rahmen der Gleichstellung jede im Vergleich zu anderen Personen geringere Fähigkeit ein Handicap darstellt.

171 Am Ende wird eine plausible Axiologie, so würde ich vermuten, auf eine komplexe Version der Präferenzerfüllung hinauslaufen, die die von Arneson, Dworkin und Elster aufgezeigten Probleme zu lösen hätte.

172 Eine solche Auffassung vertritt prominent Rawls mit dem Differenzprinzip (vgl. Rawls 1975). Dazu mehr im Anhang des Buches.

173 Wird zugunsten der Gleichheit auf mögliche allgemeine Besserstellungen durch Anreize verzichtet, fällt es hingegen weniger schwer zu sagen, in einer Hinsicht (Gerechtigkeit) sei diese Option wünschenswert.

174 Parfit diskutiert den *person-affecting view* (etwas kann nur moralisch wünschenswert sein, wenn es irgendjemandem zu Gute kommt) als Argument gegen die Behauptung, die Blendung stelle in irgendeiner Hinsicht eine Verbesserung dar; er ist aber der Meinung, der „person-affecting view" sei weniger plausibel als der „levelling down"-Einwand selbst, könne also nicht zu dessen Stützung herangezogen werden (vgl. Parfit 2000, 104).

175 Vgl. dazu Kapitel 12.

176 Für eine Übersicht über die mittlerweile ausgreifende Literatur vgl. Hahn 2009.

177 Genau genommen müsste unterschieden werden zwischen Gerechtigkeit innerhalb einer Gesellschaft, einer Nation oder eines Staates – diese drei Entitäten fallen nicht zwangsläufig zusammen. Für unsere Zwecke ist dies aber unerheblich.

178 Das sehen auch Shue und Goodin so – vgl. Goodin 1988, 683 ff. und Shue 1988, 698 ff.

179 Rawls versteht Kooperation und die entsprechenden Güter sehr weit – sie umfasst bei ihm zum Beispiel auch Rechte (vgl. den Anhang zu diesem Buch).

180 Rawls gesteht selbst mehr oder weniger zu, dass seine Sichtweise eine Vereinfachung ist – vgl. Rawls 1975, 24.

181 Vgl. dazu Beitz 1975, 367 sowie Pogge 1998, 335 ff.

182 Diese Sicht ist (nicht zuletzt bei Ökonomen) durchaus verbreitet. Am deutlichsten und fundiertesten wird sie dargestellt und verteidigt von Amartya Sen – vgl. Sen 2000.

183 Dies zeigt im Übrigen auch, dass es problematisch wäre, sich für besondere Ansprüche auf den zu kompensierenden Aufwand zu berufen, den man bei der Güterproduktion erbracht hat – andere Ungleichheiten hinsichtlich der Lebensaussichten sind offensichtlich wesentlich gravierender.

184 Es handelt sich hier um nicht selbst verschuldete Nachteile, also ist es nicht nur eine Frage des Wohlwollens, ob diesen Personen Güter zugeteilt werden, sondern durchaus ein Aspekt der Gerechtigkeit.

185 Vgl. Rawls 1975, 17 f. Kontraktualismus meint hier nicht einen vertragstheoretischen Ansatz im weiten Sinne (den Rawls durchaus vertritt), sondern eine rein auf rationale Interessenverfolgung gegründete normative Position (die Rawls eigentlich nicht vertreten dürfte). Brian Barry spricht in diesem Zusammenhang von zwei Theorien der Gerechtigkeit bei Rawls, „justice as impartiality" und „justice as mutual advantage" (vgl. Barry 1989, 179 ff.).

186 Genauer ausgearbeitet wird eine solche Konzeption bei Gauthier 1986 und Buchanan 1984.

187 So argumentiert auch Brian Barry ausführlich gegen David Gauthier – vgl. Barry 1989, Part I.

188 Ich habe Gerechtigkeit als „mutual advantage" daher im vorangegangenen Teil des Buches auch nicht als inhaltliche Konzeption von Verteilungsgerechtigkeit aufgegriffen und den Kontraktualismus nicht in einem eigenen Kapitel diskutiert.

189 Man beachte, dass ein Kontraktualist nicht zu diesem Ergebnis kommen würde, da die später Lebenden den heutigen Menschen nichts anzubieten haben. Das spricht allerdings wiederum nicht für den Kontraktualismus.

190 Eine Zeugungs*pflicht* (wie sie manche Utilitaristen vertreten) ist aber vielleicht nicht unverständlich, sofern es Pflichten ohne korrespondierende Rechte gibt – in diesem Fall ist ein Anspruchsträger nicht notwendig.

191 Diskontierung ist ein ursprünglich aus der ökonomischen Theorie stammender Begriff, der anzeigen soll, dass spätere Ereignisse mit einem geringeren Gewicht in Entscheidungen eingehen als unmittelbar bevorstehende.

192 Zu den angesprochenen Punkten sind insbesondere die Arbeiten von Dieter Birnbacher interessant, der allerdings als Utilitarist nicht primär über Gerechtigkeit redet, sondern in den Forderungen deutlich darüber hinausgeht – vgl. Birnbacher 1988. Für einen Überblick über die Debatte zur intergenerationellen Gerechtigkeit vgl. Gosseries 2003 und Clark 2003.

193 Rawls tendiert zu einer solchen Auffassung (vgl. Rawls 1975, 19). Allerdings hängt das nicht zuletzt damit zusammen, dass er Gesichtspunkte einbezieht, die nach meinem Verständnis gerechtigkeitsextern sind, insbesondere das Paretoprinzip (vgl. auch den Anhang dieses Bandes).

194 Man nennt letzteres in der philosophischen Terminologie „Supererogation", also das, was über die Pflicht hinausgeht.

195 Neben Rawls behauptet dies wohl auch Mill, und eindeutig wird es vertreten von Stefan Gosepath (vgl. Gosepath 2004, 91).

196 Man nennt die allgemeine Besserstellung eine starke Pareto-Verbesserung, die Besserstellung einiger bei Nichtschlechterstellung aller eine schwache Pareto-Verbesserung.

197 Schon als wir in Kapitel 8 über das Verdienstprinzip gesprochen haben, deutete sich dies an: Höhere Leistungen stärker zu entlohnen ist nicht gerecht, sondern es kann (wenn, dann) nur auf andere Weise gerechtfertigt werden – dadurch, dass Anreize geschaffen werden, die letztlich allen zugutekommen.

198 Gerald Cohen tendiert zum Beispiel zu dieser radikalen Auffassung – vgl. Cohen 2000.

199 Zu dieser Frage will ich mich agnostisch verhalten; sie ist letztlich nicht entscheidend.

200 Damit wäre zwar noch nicht zwingend eine direkte Konkurrenz zwischen Gerechtigkeit und dem Pareto-Prinzip gegeben, da erstere immer noch absoluten Vorrang vor letzterem haben könnte. Diese theoretische Möglichkeit haben wir allerdings im vorangegangenen Absatz bereits als nicht plausibel zurückgewiesen.

201 Ich verweise auf die in Abschnitt 4.3 vorgestellte Position von Parfit, die hier einen Kompromissvorschlag zwischen der Gerechtigkeitsperspektive und dem Prinzip der Nutzensteigerung bietet.

202 Typischerweise werden solche Überlegungen auch von Moralskeptikern angestellt, die die „overridingness" (Vorrangigkeit) der Moral gegenüber anderen Belangen in Zweifel ziehen – vgl. unter anderem Slote 1983 und dazu Schlothfeldt/Schweitzer 2011.

203 Man könnte eventuell sagen, dass es *pro tanto* gefordert ist, Gerechtigkeit herzustellen – also dann, wenn keine gewichtigeren Gründe dagegen sprechen. In der Sache würde das aber wenig ändern, denn nicht zumutbare Belastungen wären gegebenenfalls solche Gegengründe.

204 So habe ich es generell vertreten und ausgeführt in Schlothfeldt 2009; dort wird hinsichtlich gravierender Übel von vornherein die Perspektive der Verpflichtung eingenommen, und es werden die Probleme der Zumutbarkeit und der Zuständigkeit für die Übelbehebung thematisiert.

205 Ähnlich denkt auch Sen 2009, der aber nicht nur gravierende Ungerechtigkeiten benennen, sondern in dem Sinne eine alternative Theorie der Gerechtigkeit entwickeln will, als er Vergleiche zwischen Zuständen hinsichtlich ihrer Ungerechtigkeit zu etablieren sucht (statt einen Idealzustand der Gerechtigkeit zu charakterisieren). Sens Ansatz ist interessant, wurde aber hier aus dem schon in der Einleitung genannten Grund außer Acht gelassen, dass er Gerechtigkeit und allgemeine Besserstellung nicht trennt.

206 Möglicherweise ist es sachlich auch befriedigender, hier von Rechten statt von Gerechtigkeit zu reden – Rechte implizieren tatsächlich Pflichten. Dazu im Folgenden mehr.

207 Diese Forderung steht natürlich unter dem Vorbehalt, dass es uns möglich sein muss, akzeptable Lebensbedingungen für alle bereitzustellen.

208 Allerdings ist sie aufgrund der Knappheitsproblematik und möglicherweise zu hoher Kosten sicherlich ergänzungsbedürftig (vgl. Abschnitt 9.1). Als Ergänzung würde sich (wiederum) Parfits Vorrangposition anbieten.

209 Dies gilt zumindest, sofern distributive Gerechtigkeit mehr beinhaltet als Saturierung – doch dass das Bedarfsprinzip keine vollständige Gerechtigkeitskonzeption liefert, hatten wir in Abschnitt 9.2 schon gesehen. Eine Position absoluter Standards habe auch ich in Schlothfeldt 2002 vertreten, sie dort aber irrtümlich noch unter Gerechtigkeit gefasst.

210 Ob alles über die Erfüllung der absoluten Standards Hinausgehende als supererogatorisch bezeichnet werden kann, ist wiederum eine kontroverse Frage.

211 Dies lässt sich schön am Beispiel einer Wette demonstrieren: Auch wenn es für eine Person vorteilhaft wäre, eine bestimmte Wette einzugehen, dürfte man diese nicht über ihren Kopf hinweg für sie abschließen und einen möglichen Verlust von ihr eintreiben (vgl. Rakowski 2001).

212 Das politische Gebilde stünde ständig auf dem Spiel, da immer wieder neue Menschen um ihr Einverständnis ersucht werden müssten. John Locke, der dieses Problem sehr klar sah, hat sich ohne Erfolg bemüht, die Forderung nach expliziter Zustimmung durch wenig überzeugende Manöver wie eine stillschweigende Zustimmung abzuschwächen (vgl. Locke 1689). Für eine detaillierte Kritik an verschiedenen Zustimmungskonzeptionen vgl. Dietrich 2008.

213 Die Rede vom Staat muss hier natürlich hinreichend weit verstanden werden; auch informelle Institutionen in kleinen Verbänden wie Stämmen könnten für gerechte Strafen sorgen und in diesem Sinne einen Staat darstellen.

214 Diese grundsätzlichen Überlegungen müssen an dieser Stelle genügen; Details einer adäquaten Straftheorie wären in der Rechtsphilosophie und der Rechtswissenschaft zu behandeln.

215 Eine solche Absicherung muss bei unverschuldeten Notlagen aus Gerechtigkeitsgründen erfolgen, bei selbstverschuldeten Situationen hingegen aus Gründen des Wohlwollens. Zwar wird in libertären Kreisen gelegentlich die These vertreten, dass Notlagen besser durch freiwillige Spenden beseitigt werden können als durch staatliches Handeln – doch diese Behauptung erscheint wenig überzeugend, denn selbst wenn das Spendenvolumen die politisch durchsetzbaren Zwangsabgaben übersteigen sollte, kann nur eine politische Institution für eine verlässliche und flächendeckende Absicherung gegen Notlagen sorgen.

216 Es ist zu beachten, dass die hier vertretene politisch-moralische Richtlinie hinsichtlich der Grundsicherung weniger fordert als das Differenzprinzip von Rawls – es wird keine Maximierung der Ausstattung der Schlechtestgestellten vorgeschrieben, und die Anliegen letzterer genießen auch keine absolute Vorrangstellung. Auf der anderen Seite wird aber nicht dafür plädiert, dass Ungleichheiten aus Anreizgesichtspunkten zwingend zugelassen werden müssen, sofern sie zu einer Paretoverbesserung führen. Vgl. dazu auch den Anhang des Buches.

217 Es soll noch einmal daran erinnert werden, dass in diesen politischen Entscheidungen auch die Anliegen zukünftiger Generationen berücksichtigt werden müssen.

218 Prinzipiell könnte man sich auch ein Rechtssystem vorstellen, das mit rechtlichen Pflichten ohne korrespondierende Rechte operiert. Wenn allerdings bereits auf der moralischen Ebene mit Rechten gearbeitet wird, bietet sich eine Übertragung dieses Konzepts auf die juridische Ebene sicherlich an.

219 So sieht es offenbar auch Rawls – allerdings in der überzogenen Form, soziale Rechte erst gar nicht in Erwägung zu ziehen. Genaueres dazu findet sich im Anhang des Bandes.

220 Dem korrespondiert die im 11. Kapitel konstatierte und kritisierte Konzentration vieler Gerechtigkeitstheorien auf soziale statt globaler Gerechtigkeit.

221 Die radikale Alternative eines Weltstaates werde ich hier außer Acht lassen.

222 Diese Position hat auch Rawls in späteren Schriften grundsätzlich vertreten – vgl. Rawls 2002.

223 Wie wir gesehen haben, müssen Gerechtigkeitspflichten prinzipiell von allen geeigneten Akteuren erfüllt werden; falls eine eingerichtete moralische Arbeitsteilung nicht funktioniert, müssen die Aufgaben von anderen übernommen werden (vgl. Abschnitt 11.1).

224 Diese kontroverse Frage wäre natürlich ausführlicher zu diskutieren, als ich es in diesem Rahmen leisten kann.

225 Eine naheliegende Richtlinie wäre, die im eigenen Land geltenden Verteilungsstandards auch nach außen hin zu praktizieren.

226 Neben der bereits erwähnten kritischen Analyse von Brian Barry (Barry 1989) sind insbesondere Pogge 1994, Kymlicka 1996, Koller 1987 und die Einleitung von Hinsch zu Rawls 1992 zu nennen.

227 Allgemeine Besserstellung wird im Differenzprinzip berücksichtigt. Siehe dazu unten.

228 Auf Rawls' Überlegungen zu länderübergreifenden Beziehungen (Rawls 1996 und 2002) werde ich nicht eingehen, da es sich hierbei nicht um globale Gerechtigkeit, sondern um völkerrechtliche Fragen handelt.

229 Vgl. die in Rawls 1992 gesammelten Aufsätze und Rawls 1998.

230 Dies hatten wir in Kapitel 11 festgestellt und kritisiert.

231 Die Individuen dürfen ebenfalls kein Wissen über die spezifischen gesellschaftlichen Verhältnisse haben (vgl. a.a.O., 160). Allgemeine soziale Sachverhalte sind ihnen hingegen bekannt.

232 Selbstachtung wird von Rawls als Grundgut angesehen, weil ohne sie nichts der Mühe wert zu sein scheint. In diesem Sinne lässt sich sagen, dass Selbstachtung eine Voraussetzung dafür darstellt, dass Personen einen wie auch immer gearteten Lebensplan entwickeln und umsetzen können.

233 Es handelt sich hier um Modifikationen des Utilitarismus, die wir teils in Abschnitt 4.3 besprochen hatten.

234 Dies ist die uns aus vorangegangenen Kapiteln des Buches bekannte Idee, durch ökonomische Anreize bedingte Paretoverbesserungen als mögliche Rechtfertigung für Ungleichheit anzuführen.

235 Man darf nicht außer Acht lassen, dass der Ausgangspunkt eine ökonomische Gleichverteilung ist. Dieser gegenüber sollten die Personen, wenn möglich, besser gestellt werden. Nicht jede Effizienzsteigerung auf Kosten der Gleichheit ist also zulässig.

236 Hierunter würde etwa der in vorangegangenen Kapiteln dieses Buches besprochene Schutz gegen Blendung (als Angleichung nach unten) fallen.

237 Dies unterscheidet Rawls von Parfit, der wie gesehen nur einen relativen Vorrang der Schlechtgestellten vertritt (vgl. Abschnitt 4.3).

238 In der gültigen Fassung lauten die Gerechtigkeitsgrundsätze im Wortlaut wie folgt:
„1. Jede Person hat ein gleiches Recht auf ein völlig adäquates System gleicher Grundfreiheiten, das mit dem entsprechenden System von Freiheiten für alle vereinbar ist.
2. Gesellschaftliche und ökonomische Ungleichheiten müssen zwei Bedingungen genügen: erstens müssen sie mit Ämtern und Positionen verbunden sein, die allen unter Bedingungen fairer Chancengleichheit offenstehen, und zweitens müssen sie den größten Vorteil für die am wenigsten begünstigten Mitglieder der Gesellschaft bringen." (Rawls 1992, 160)
In „Eine Theorie der Gerechtigkeit" ist noch vom umfangreichsten System der Grundfreiheiten die Rede (vgl. Rawls 1975, 96 ff.); dies wurde später aufgrund der Einwände verschiedener Kritiker korrigiert.

239 Auf das Grundgut der Selbstachtung geht Rawls erst in späteren Abschnitten von „Eine Theorie der Gerechtigkeit" explizit ein. Seiner Ansicht nach fallen die sozialen Grundlagen der Selbstachtung weitgehend mit den genannten Gerechtigkeitsprinzipien zusammen: Die Zusicherung der Grundfreiheiten, der fairen Chancengleichheit und eines gerechten Anteils an den materiellen Gütern sieht Rawls als öffentliche Anerkennung der Lebenspläne von Personen an (vgl. Rawls 1975, 204).

240 Genauer ist eine gegenseitige Korrektur zwischen Verfassung und Gesetzgebung vorgesehen.

241 Eine Konzeption des Guten wird bestimmt durch moralische Überzeugungen im engeren Sinne sowie durch Lebensvorstellungen und Sinnorientierungen, die eine gewisse Allgemeingültigkeit beanspruchen können.

242 Im Prinzip wird ein (erweitertes) Toleranzprinzip vertreten: Konzeptionen des Guten dürfen nicht gewaltsam durchgesetzt werden, selbst wenn sie vernünftig sind. Eine moderne, freiheitliche Gesellschaft ist nach Rawls notwendigerweise pluralistisch.

243 Ausbildung, Entwicklung und mögliche Revision des Konzepts des Guten werden stärker betont als in Rawls 1975. An ihrem inhaltlich bestimmten Lebensplan haben die Personen (nur) ein hochrangiges Interesse.

244 Ob die Einführung des „Schleiers" wirklich einen Gewinn darstellt, steht auf einem anderen Blatt; ich möchte das hier nicht diskutieren. Vgl. dazu kritisch Tugendhat 1984.

245 Rawls gesteht explizit ein, dass man die Wahlsituation immer so charakterisieren kann, dass die präferierten Gerechtigkeitsprinzipen gewählt werden (vgl. Rawls 1975, 143).

246 Dass Rawls den genannten Punkt übersieht, liegt wohl auch daran, dass er die anfangs noch erwähnten gesellschaftlichen *Lasten* im Zuge der Ausarbeitung seiner Theorie unterschlägt: Später ist nur noch von Grund*gütern* die Rede.

247 Auch indem er sich auf sozio-ökonomische Gruppen statt auf Einzelpersonen bezieht, werden Behinderungen und sonstige spezifische Kompensationsgründe nicht in den Blick genommen.

248 Aus der Perspektive der globalen Gerechtigkeit ist der Vorrang der Grundfreiheiten noch weniger überzeugend, da es hier oft um existenzbedrohende Notlagen geht.

Literatur

Anderson, Elizabeth (2000): „Warum eigentlich Gleichheit?", in: A. Krebs (Hg.), *Gleichheit oder Gerechtigkeit*. Frankfurt/M.

Aquin, Thomas von: *Summa Theologica*

Aristoteles: *Nikomachische Ethik*

Aristoteles: *Politik*

Arneson, Richard (1994): „Gleichheit und gleiche Chancen zur Erlangung von Wohlergehen", in: A. Honneth (Hg.), *Pathologien des Sozialen*. Frankfurt/M.

Barry, Brian (1989): *Theories of justice. A Treatise on Social Justice*, Vol. I. Berkeley

Beitz, Charles R. (1975): "Justice and international relations", in: *Philosophy and Public Affairs* 4/4

Birnbacher, Dieter (1988): *Verantwortung für zukünftige Generationen*. Stuttgart

Brandt, Reinhard (1993): „Gerechtigkeit bei Kant", in: *Jahrbuch für Recht und Ethik* I

Buchanan, James (1984): *Die Grenzen der Freiheit. Zwischen Anarchie und Leviathan*. Tübingen (engl. Original: *The Limits of Liberty. Between Anarchy and Leviathan*, Chicago 1975)

Clark, Wolf (2003): "Intergenerational justice", in: R.G. Frey (ed.), *A Companion to Applied Ethics*. Malden/MA

Cohen, Gerald A. (1989): "On the currency of egalitarian justice", in: *Ethics* 99

Cohen, Gerald A. (1997): "Where the action is: on the site of distributive justice", in: *Philosophy and Public Affairs* 26

Cohen, Gerald A. (2000): *If you're an egalitarian, how come you're so rich?* Cambridge/Mass.

Dagger, Richard (1993): "Playing fair with punishment", in: *Ethics* 103

Dietrich, Frank (2008): "Consent, obligation, and legitimacy", in: J. Kühnelt (ed.), *Political Legitimization without Morality?* Berlin

Dworkin, Ronald (1981a): "What is equality? Part 1: Equality of welfare", in: *Philosophy and Public Affairs* 10 (dt. Übersetzung in derselbe, *Was ist Gleichheit?* Frankfurt/M. 2011)

Dworkin, Ronald (1981b): "What is equality? Part 2: Equality of resources", in: *Philosophy and Public Affairs* 10 (dt. Übersetzung in derselbe, *Was ist Gleichheit?* Frankfurt/M. 2011)

Elster, Jon (1983): *Sour Grapes*. Cambridge

Elster, Jon/Roemer, John E. (ed.) (1991): *Interpersonal Comparisons of Well-Being*. Cambridge

Elster, Jon (1992): *Local Justice*. New York

Feinberg, Joel (1974): "Noncomparative justice", in: *Philosophical Review* 83/3

Foot, Philippa (1978): *Virtues and Vices*. Oxford

Frankfurt, Harry (1997): "Equality as a moral ideal", in: L.P. Pojman/R. Westmoreland (ed.), *Equality. Selected Readings*. Oxford

Frankfurt, Harry (2000): „Gleichheit und Achtung", in: A. Krebs (Hg.), *Gleichheit oder Gerechtigkeit*. Frankfurt/M.

Gauthier, David (1986): *Morals by agreement*. Oxford

Gesang, Bernward (2003): *Eine Verteidigung des Utilitarismus*. Stuttgart

Goodin, Robert E. (1988): "What is so special about our fellow countrymen?", in: *Ethics* 98

Gosepath, Stefan (2004): *Gleiche Gerechtigkeit*. Frankfurt/M.

Gosseries, Axel (2003): "Intergenerational justice", in: H. LaFollette (ed.), *The Oxford Handbook of Practical Ethics*. Oxford

Güth, W./Schmittberger/Schwarze (1982): "An experimental analysis of ultimatum bargaining", in: *Journal of Economic Behavior and Organization* 3/4

Hahn, Henning (2009): *Globale Gerechtigkeit*. Frankfurt/M.

Hare, Richard M. (1997): "Justice and Equality", in: L.P. Pojman/R. Westmoreland (ed.), *Equality. Selected Readings*. Oxford

Hart, H.L.A. (1987): „Eine Vereinigungstheorie von Prävention und Vergeltung", in: N. Hoerster (Hg.), *Recht und Moral*. Stuttgart

Hassemer, Winfried (2006): „Strafrecht, Prävention, Vergeltung", in: *Zeitschrift für internationale Strafrechtsdogmatik 7*

Hayek, Friedrich August von (1981): *Die Illusion der sozialen Gerechtigkeit*. Landsberg (Band 2 von: Recht, Gesetzgebung und Freiheit) (engl. Original: *The Mirage of Social Justice*, London 1976)

Hayek, Friedrich August von (1996): *Die Anmaßung von Wissen*. Tübingen

Hegel, Georg Wilhelm Friedrich (1821): *Grundlinien der Philosophie des Rechts*

Henrich, Joseph/Boyd, Robert/Bowles, Samuel/Camerer, Colin/Fehr, Ernst/Gintis, Herbert (2004): *Foundations of Human Sociality: Economic Experiments and Ethnographic Evidence from fifteen Small-Scale Societies*. Oxford

Hinsch, Wilfried (2002): *Gerechtfertigte Ungleichheiten*. Berlin

Hobbes, Thomas (1647): *De Cive* (zitiert nach der englischen Übersetzung, Cambridge 1998)

Hobbes, Thomas (1651): *Leviathan*

Höffe, Otfried (1996): „Soziale Gerechtigkeit als Tausch", in: derselbe, *Vernunft und Recht*. Frankfurt/M.

Höffe, Otfried (2001): *Gerechtigkeit*. München

Holzleitner, Elisabeth (2009): *Gerechtigkeit*. Wien

Horn, Christoph/Scarano, Nico (Hg.) (2002): *Philosophie der Gerechtigkeit*. Frankfurt/M.

Hume, David (1777): *An Enquiry concerning the Principles of Morals* (zitiert nach der deutschen Übersetzung, Stuttgart 1984)

Kant, Immanuel (1785): *Grundlegung zur Metaphysik der Sitten*

Kant, Immanuel (1788): *Kritik der praktischen Vernunft*

Kant, Immanuel (1797): *Metaphysik der Sitten (Metaphysische Anfangsgründe der Rechtslehre)*

Kersting, Wolfgang (2000): *Theorien der sozialen Gerechtigkeit*. Stuttgart

Koller, Peter (1987): *Neue Theorien des Sozialvertrags*. Berlin

Krebs, Angelika (Hg.) (2000): *Gleichheit oder Gerechtigkeit*. Frankfurt/M.

Kymlicka, Will (1996): *Politische Philosophie heute*. Frankfurt/M. (engl. Original: *Contemporary Political Philosophy*, Oxford 1990)

Ladwig, Bernd (2000): *Gerechtigkeit und Verantwortung*. Berlin

Laslett, Peter/Fishkin, James (ed.) (1992): *Justice Between Age Groups and Generations*. New Haven

Locke, John (1689): *Two Treatises on Government*

Margalit, Avishai (1997): *Politik der Würde. Über Achtung und Verachtung*. Berlin (engl. Original: *A Decent Society*, Cambridge/MA 1996)

Marx, Karl (1849): *Lohnarbeit und Kapital* (zitiert nach: derselbe, *Kapital und Politik*. Frankfurt/M. 2008)

Marx, Karl (1875): *Kritik des Gothaer Programms*, in: *Marx-Engels-Werke* Band 19. Berlin

McDowell, John (2002): „Tugend und Vernunft", in: derselbe, *Wert und Wirklichkeit*. Frankfurt/M.

Meyer, Kirsten (2011): *Bildung*. Berlin

Mill, John Stuart (1863): *Utilitarianism* (zitiert nach der zweisprachigen Ausgabe von Dieter Birnbacher, Stuttgart 2006)

Miller, David (2008): *Grundsätze sozialer Gerechtigkeit.* Frankfurt/M. (engl. Original: *Principles of Social Justice,* Cambridge/MA 1999)

Montada, Leo (1994): „Arbeitslosigkeit ein Gerechtigkeitsproblem?", in: derselbe (Hg.), *Arbeitslosigkeit und soziale Gerechtigkeit.* Frankfurt/M.

Moore, Barrington (1987): *Ungerechtigkeit. Die sozialen Ursachen von Unterordnung und Widerstand.* Frankfurt/M. (engl. Original: *Injustice. The Social Bases of Obedience and Revolt,* New York 1978)

Morris, Herbert (1968): "Persons and punishment", in: *The Monist* 52

Münkler, Herfried/Llanque, Marcus (Hg.) (1999): *Konzeptionen der Gerechtigkeit.* Baden-Baden

Nagel, Thomas (1984): „Gleichheit", in: derselbe, *Über das Leben, die Seele und den Tod.* Königstein (engl. Original: *Mortal Questions,* Cambridge/MA 1979)

Nagel, Thomas (1994): *Gleichheit und Parteilichkeit.* Paderborn (engl. Original: *Equality and Partiality,* Oxford 1991)

Nozick, Robert (1976): *Anarchie, Staat, Utopie.* München (engl. Original: *Anarchy, State, and Utopia,* New York 1974)

Nussbaum, Martha (1993): „Menschliches Tun und soziale Gerechtigkeit. Zur Verteidigung des Aristotelischen Essentialismus", in: M. Brumlik/H. Brunkhorst (Hg.), *Gemeinschaft und Gerechtigkeit.* Frankfurt/M.

Oosterbeek, Hessel/Sloof, Randolph/Kuilen, Gijs van de (2004): "Differences in ultimatum game experiments: evidence from a meta-analysis", in: *Experimental Economics* 7

Parfit, Derek (2000): „Gleichheit und Vorrangigkeit", in: A. Krebs (Hg.), *Gleichheit oder Gerechtigkeit.* Frankfurt/M.

Pettit, Philip (1993): "Consequentialism", in: P. Singer (ed.), *A Companion to Ethics.* Oxford

Pfannkuche, Walter (2002): „Humanitäres Interventionsrecht", in: S. Gosepath/J.-C. Merle (Hg.), *Weltrepublik. Globalisierung und Demokratie.* München

Pfannkuche, Walter (2003): *Wer verdient schon, was er verdient?* Stuttgart

Platon: *Der Staat*

Pogge, Thomas (1988): "Kant's theory of justice", in: *Kant-Studien* 79

Pogge, Thomas (1994): *John Rawls.* München

Pogge, Thomas (1998): „Eine globale Rohstoffdividende", in: C. Chwaszcza/W. Kersting (Hg.), *Politische Philosophie der internationalen Beziehungen.* Frankfurt/M.

Pojman, Louis P./Westmoreland, Robert (ed.) (1997): *Equality. Selected Readings.* Oxford

Railton, Peter (1984): "Alienation, consequentialism, and the demands of morality", in: *Philosophy and Public Affairs* 13/2

Rakowski, Eric (1991): *Equal Justice.* Oxford

Rakowski, Eric (2001): "Taking and saving lives", in: J. Harris (ed.), *Bioethics.* Oxford

Rawls, John (1975): *Eine Theorie der Gerechtigkeit.* Frankfurt/M. 1975 (engl. Original: *A theory of justice,* Cambridge/MA 1971)

Rawls, John (1992): *Die Idee des politischen Liberalismus.* Frankfurt/M.

Rawls, John (1996): „Das Völkerrecht", in: S. Shute/S. Hurley (Hg.), *Die Idee der Menschenrechte.* Frankfurt/M. (engl. Original: *On Human Rights,* New York 1993)

Rawls, John (1998): *Politischer Liberalismus.* Frankfurt/M. (engl. Original: *Political Liberalism,* New York 1993)

Rawls, John (2002): *Das Recht der Völker.* Berlin (engl. Original: *The Law of Peoples,* Cambridge/MA 1999)

Raz, Joseph (2000): „Strenger und rhetorischer Egalitarismus", in: A. Krebs (Hg.), *Gleichheit oder Gerechtigkeit.* Frankfurt/M.

Rescher, Nicholas (1966): *Distributive Justice: A Constructive Critique of the Utilitarian Theory of Distribution*. Indianapolis

Ricardo, David (1817): *On the Principles of Political Economy and Taxation*

Roemer, John E. (1996): *Theories of Distributive Justice*. Cambridge / Mass.

Ross, W.D. (1962): *The Right and the Good*. Oxford

Ryan, Alan (ed.) (1993): *Justice*. Oxford

Scanlon, Thomas (1998): *What we owe to each other*. Cambridge / MA

Schälike, Julius (2011): „Retributionstheorien der Strafe", in: B. Gesang / J. Schälike (Hg.), *Die großen Kontroversen der Rechtsphilosophie*. Paderborn

Schlothfeldt, Stephan (2002): „Zur Relevanz sozialer Vergleiche für normative Gerechtigkeitstheorien. Normative und empirische Aspekte der Begründung sozialer Mindestausstattungen", in: S. Liebig / S. Lengfeld (Hg.), *Interdisziplinäre Gerechtigkeitsforschung. Zur Verknüpfung empirischer und normativer Perspektiven*. Frankfurt / M.

Schlothfeldt, Stephan (2009): *Individuelle oder gemeinsame Verpflichtung?* Paderborn

Schlothfeldt, Stephan / Schweitzer, Stephan (2012): "Is morality overriding?", in: S. Schleidgen (Hg.), *Should We Always Act Morally?* Marburg

Sen, Amartya (1980): "Equality of what?", in: S. McMurrin (ed.), *The Tanner Lectures on Human Values (Vol. 1)*. Cambridge / MA

Sen, Amartya (1985): "Well-being, agency, and freedom", in: *Journal of Philosophy* 82

Sen, Amartya (1992): *Inequality Reexamined*. Oxford

Sen, Amartya (2000): *Ökonomie für den Menschen*. München (engl. Original: *Development as Freedom*, New York 1999)

Sen, Amartya (2009): *The Idea of Justice*. London

Sher, George (1989): *Desert*. Princeton

Shklar, Judith (1997): *Über Ungerechtigkeit*. Frankfurt / M. (engl. Original: *The Faces of Injustice*, New Haven 1990)

Shue, Henry (1988): "Mediating duties", in: *Ethics* 98

Singer, Peter (1994): *Praktische Ethik*. Neuausgabe. Stuttgart (engl. Original: *Practical Ethics*, Cambridge 1979)

Slote, Michael (1983): *Goods and virtues*. Oxford

Smith, Adam (1776): *An Inquiry into the Nature and Causes of the Wealth of Nations*

Temkin, Larry (1993): *Inequality*. Oxford

Trapp, Rainer (1988): *„Nicht-klassischer" Utilitarismus. Eine Theorie der Gerechtigkeit*. Frankfurt / M.

Tugendhat, Ernst (1984): „Bemerkungen zu einigen methodischen Aspekten von Rawls' *Eine Theorie der Gerechtigkeit*", in: derselbe, *Probleme der Ethik*. Stuttgart

Tugendhat, Ernst (1993): *Vorlesungen über Ethik*. Frankfurt / M.

Tugendhat, Ernst (1997): *Dialog in Leticia*. Frankfurt / M.

Urmson, J.O. (1992): „Zur Interpretation der Moralphilosophie John Stuart Mills", in: O. Höffe (Hg.), *Einführung in die utilitaristische Ethik*. Tübingen

Walzer, Michael (1992): *Sphären der Gerechtigkeit. Ein Plädoyer für Pluralität und Gleichheit*. Frankfurt / M. (engl. Original: *Spheres of Justice. A Defence of Pluralism and Equality*, Oxford 1983)

Williams, Bernard / Smart, J.J.C. (1973): *Utilitarianism. For and Against*. Cambridge

Wolf, Jean-Claude (2003): „Strafe als Wiederherstellung eines Gleichgewichts", in: *Jahrbuch für Recht und Ethik* 11

Wolf, Ursula (2002): *Aristoteles' „Nikomachische Ethik"*. Darmstadt

Personenregister

Sachregister

www.ingramcontent.com/pod-product-compliance
Lightning Source LLC
Chambersburg PA
CBHW050229270326
41914CB00003BA/630